# BÄDER GESTALTEN

**Edith Garrault**
**Fotos: Bruno Warion**

FLEURUS IDEE

# INHALT

## BADPLANUNG



## VERSCHIEDENE BADEZIMMERTYPEN



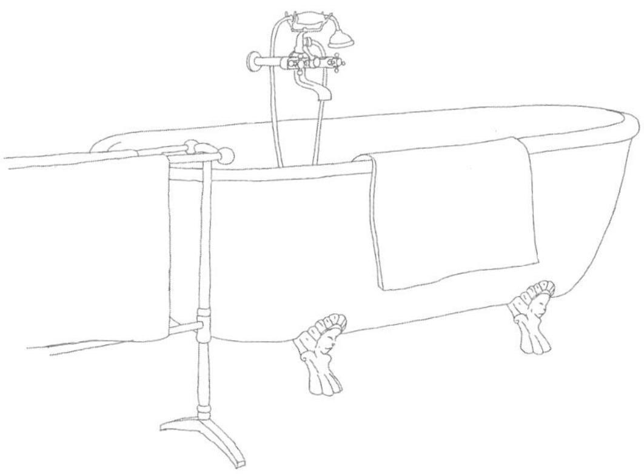

## LOOK UND STIL



## MATERIALIEN UND AUSSTATTUNG



## PRAKTISCHES

## WOHLFÜHLEN STEHT AN ERSTER STELLE

Das Badezimmer, ein Ort des Wohlfühlens und der Entspannung, zeugt von einer neuen Lebensart. Der Raum, in dem man seinen Tag beginnt und abschließt, kann morgens unsere Laune beeinflussen und uns abends helfen, einen anstrengenden Tag zu vergessen. Das Badezimmer ist ein Raum zum Relaxen, Meditieren und Abtauchen. Achten Sie darauf, es nicht zu sehr zu überladen – das würde Ihrer Gelassenheit schaden.
Ganz gleich, ob es klein (in Großstädten oft nicht mehr als 4 $m^2$) oder groß ist, und egal, welche Form es hat: Das Badezimmer passt sich Ihren Vorlieben und Ihrer Lebensweise an.
Wenn man etwas mehr Platz hat, ist ein zweites Badezimmer kein Luxus, denn so können bei etwas größeren Familien morgendliche Staus vermieden werden. Im Idealfall gibt es ein Bad pro Schlafzimmer.
Ob traditionell oder ultramodern, beruhigend oder unkonventionell, natürlich oder raffiniert-ausgefeilt oder auch ganz und gar ungewöhnlich – der Stil des Bades spiegelt Ihre Persönlichkeit wider. So gehen Schönheit mit Sauberkeit und Körperpflege mit einem ansprechenden Dekor einher.

24, Faubourg

# BADPLANUNG

# Ein Badezimmer nach Wunsch

## Gehen Sie methodisch vor

- Ziehen Sie zunächst Bilanz in Bezug auf Ihr derzeitiges Badezimmer: Was gefällt Ihnen daran? Was finden Sie nicht gut und warum nicht?
- Definieren Sie Ihren Bedarf, Ihre Gewohnheiten, die Zahl der Benutzer und die Uhrzeiten, wann jeder das Bad nutzt.
- Welche Elemente sind unerlässlich? Ein Waschbecken oder zwei? Dusche oder Badewanne?
- Welche technischen Einschränkungen weist der Raum auf?
- Wie viel Stauraum brauchen Sie für Handtücher, Kosmetikartikel und Badutensilien sowie für Medikamente?
- Müssen sich die Waschmaschine und der Trockner in diesem Raum befinden, der ja eigentlich der Entspannung dienen soll?
- Welchen Stil mögen Sie? Blättern Sie Dekozeitschriften durch, besuchen Sie Fachgeschäfte und wälzen Sie die Kataloge von Herstellern, um herauszufinden, was Ihnen gefällt. Ergänzen Sie Ihre Dokumentation mit Fliesen- und Farbmustern, und informieren Sie sich auch über die Pflege der Materialien.

Informieren statt improvisieren, die richtigen Fragen stellen und sich Zeit zum Überlegen nehmen – drei unerlässliche Punkte, damit die Einrichtung Ihres neuen Badezimmers ein Erfolg wird und Sie nicht unnötig Geld ausgeben.
Die Hauptvorgabe ist sicherlich das Budget, das nicht überschritten werden soll, was wiederum Einfluss auf die Wahl der Elemente und der Materialien hat. Wenn es nur darum geht, den Raum neu zu dekorieren, können Sie es alleine machen. Wenn es sich um eine Teil- oder Neuinstallation handelt, müssen oft die Kosten für den Einsatz von Handwerkern berücksichtigt werden. Wenn Sie über ein angemessenes Budget verfügen und sich nicht selbst als Planer versuchen wollen, vertrauen Sie die Arbeit Profis an: Architekten, Innenarchitekten und Badplaner sind die richtigen Ansprechpartner.
Beschließen Sie jedoch, die Arbeiten selbst zu überwachen, treffen Sie einige Vorsichtsmaßnahmen. Holen Sie bei mehreren Firmen ganz genaue Kostenvoranschläge ein, die eine Aufstellung aller Dienstleistungen und der verwendeten Materialien beinhalten. Verlassen Sie sich am besten auf die Beschreibung, die am vollständigsten und nicht unbedingt am teuersten ist. Behalten Sie außerdem im Gesamtbudget eine Reserve für unvorhergesehene Ausgaben (etwa 10 % der Gesamtsumme), denn die gibt es immer!

## Planen Sie vorausschauend

Bei Renovierungen können Sie etwa eine Woche lang Ihr Badezimmer nicht benutzen, wenn die Fliesen nicht ausgetauscht werden, und mehr als einen Monat lang bei groben bzw. schweren Arbeiten. Stellen Sie mit dem Unternehmen einen genauen Plan auf und fordern Sie Schadensersatz, falls die Fristen nicht eingehalten werden.

Material, Anordnung, Accessoires: An alles wurde gedacht, damit Einfachheit und praktischer Aspekt harmonieren.

## Der Ort des Badezimmers

Auch wenn man bei einem Neubau alle Freiheiten hat, den Ort des Bades nach Wunsch zu wählen, wäre es logisch, es in der Nähe der Schlafzimmer anzusiedeln, denn es ist der erste und der letzte Ort, den man aufsucht, wenn man aufsteht bzw. schlafen geht. Wird es von der ganzen Familie genutzt, muss es sich an einer Stelle befinden, die für jeden gut erreichbar ist. Es kann auch an das Schlafzimmer angrenzen und eine Suite bilden. Probieren Sie, bestmöglich vom natürlichen Licht zu profitieren und einen Blick ins Freie zu haben – etwa auf den Garten. Andernfalls müssen ein effizientes Lüftungs- und Beleuchtungssystem vorgesehen werden.

Bei einem Neubau wie bei der Renovierung eines Altbaus ist es wichtig, die genauen Maße zu nehmen, auf alle Besonderheiten zu achten – Dachschrägen, Vorsprünge, unterschiedliche Höhen usw. – und über Möglichkeiten nachzudenken, den Raum zu vergrößern, eventuell ein paar Quadratmeter von angrenzenden Zimmern hinzuzunehmen, eine Wand zu versetzen oder gar einzureißen. Wenn es nicht an Platz mangelt, könnte man auch ein kleines Zimmer opfern und einen richtigen Wellnessbereich schaffen.

### Erstellen eines Plans

- Zeichnen Sie einen Plan des Zimmers im Maßstab 1 : 20 (1 cm auf dem Papier = 20 cm in der Realität). Machen Sie mehrere Entwürfe, probieren Sie alles aus. Denken Sie bei einem kleinen Raum daran, auch die Höhe zu nutzen. Machen Sie eine Schnittzeichnung.

- Platzieren Sie das Waschbecken in der Nähe des Fensters. Befinden sich Waschbecken und Badewanne an der gleichen Wand, ist das in Bezug auf die Leitungen einfacher.

- Denken Sie an die elektrischen Leitungen und an die Sicherheitsnormen.

- Vergessen Sie nicht, falls vorhanden, den Platz für den Durchlauferhitzer (in einem belüfteten Bereich) und für den Wasserboiler.

Das nur von den Eltern genutzte Bad befindet sich in der Verlängerung des Schlafzimmers.

Diese Duschkabine umfasst eine Dusche, ein Waschbecken und im hinteren Bereich eine Toilette.

## So gehen Sie mit Einschränkungen um

Nehmen Sie zunächst die exakten Maße von einer Ecke zur anderen, mit dem Platz der Tür und deren Öffnungsrichtung, dem Platz des Fensters und der Höhe von dessen unterem Rand bis zum Boden, sowie die Gesamthöhe des Raums. Alle Details zählen: kleine Ecken, Rohrleitungen, der Heizkörper, ggf. der Durchlauferhitzer oder der Warmwasserboiler mit den Auswirkungen auf die Bodenfläche und die Höhe. Prüfen Sie auch, ob die Ecken gerade sind.
Notieren Sie, wo sich Stromleitungen befinden. Wo ist der Heizkörper? Bestimmen Sie die technischen Einschränkungen, den Ort der Abflussrohre und die Abflussschräge, wenn Sie die Einrichtung versetzen möchten und dafür längere Rohre nötig sind, denn vielleicht ist eine Erhöhung der Dusche oder der Badewanne notwendig. Erfolgt die Installation im Keller, dann ist eine Pumpe wahrscheinlich unumgänglich.

**Glasbausteine sind eine effiziente Lösung, um in einem fensterlosen oder dunklen Raum Licht einzufangen.**

## Die Toilette

▶ Es ist nicht ideal, die Toilette im Badezimmer unterzubringen, aber manchmal gibt es keine andere Möglichkeit. In einem mehrstöckigen Gebäude hängt ihr Standort vom Abfluss ab, dessen Platz nicht verändert werden kann, aber es ist möglich, ihn ein wenig zu versetzen, indem man ihn erhöht.

▶ Stellen Sie die Toilette so auf, dass der Blick nicht sofort darauffällt, wenn man das Bad betritt. Wahrscheinlich ist es möglich, die Toilette durch eine Wand, eine niedrige Mauer, ein Schiebeelement oder einen Vorhang vom Rest des Badezimmers abzutrennen.

▶ Hänge-WCs wirken moderner als Stand-WCs, und wenn die Brille heruntergeklappt ist, sehen sie diskreter aus. Außerdem kann man so den Boden leichter reinigen.

# Beleuchtung, Sicherheit, Heizung

Die Wahl der Beleuchtung ist ein wichtiger Punkt bei der Gestaltung eines Badezimmers. Um über schmeichelhaftes Licht zu verfügen, bei dem man immer gut aussieht, muss die Beleuchtung gut geplant und dosiert sein. Ist sie zu stark, wirkt sie aggressiv – unbedingt zu vermeiden bei Morgenmuffeln! Ist sie zu schwach, vermittelt sie nicht den Eindruck, man wäre ausgeschlafen und fit. Das Licht sollte sich im ganzen Raum verteilen. Ist dieser groß, kann eine Deckenleuchte effizient sein oder sogar ein Kronleuchter! Vermeiden Sie Fassungen aus Metall, ersetzen Sie sie durch Plastikfassungen. Und wechseln Sie nie eine Glühbirne, wenn Sie nass sind!

Eine andere Lösung sind Spots mit Niederspannung, die immer passen, egal welche Stilrichtung das Badezimmer aufweist. An verschiedenen Stellen in eine Zwischendecke eingelassen, verteilen sie das Licht auf angenehme Weise. Das sollte Sie nicht davon abhalten, zusätzlich rund um den Spiegel Wandleuchten anzubringen, oder – noch besser – Schienen mit schwachen Spots, ideal zum Schminken und Rasieren, wie in einer Künstlergarderobe. Eine indirekte Beleuchtung, oben oder unten an der Wand angebracht, verbreitet zusätzlich sanftes Licht.

## Perfekte Sicherheit

Damit das gesamte Badezimmer sicher ist, muss die Elektroinstallation den aktuell gültigen EU-Normen entsprechen (DIN VDE 0100).
Aufgrund der im Raum herrschenden Feuchtigkeit muss die elektrische Installation perfekt abgedichtet und geerdet sein (der so genannte zusätzliche Potenzialausgleich). In den Potenzialausgleich sind nur leitfähige Teile einzubeziehen, die ein Potenzial in den Raum einführen können, also leitende Rohre für Wasser, Gas oder Abwasser. Alle leitenden Rohre, die in den Raum eingeführt werden, sind miteinander zu verbinden. Die Badewanne kann in den Potenzialausgleich eingebunden werden, muss aber nicht.

**► Seitliches Licht ist genauso wirksam, als wäre es oberhalb des Spiegels installiert, jedoch angenehmer am Morgen.**

**◄ In die Decke eingelassene Spots tauchen den Raum in gleichmäßiges, weiches Licht.**

Die Steckdose sollte weit entfernt von der Dusche am anderen Ende des Raums angebracht werden.

## Die EU-Richtlinie für elektrische Betriebsmittel

Diese Richtlinie definiert, wie geschützt elektrische Betriebsmittel sein müssen. Sie wird auf jedem Gerät durch zwei Buchstaben angezeigt (CE = „Conformité Européenne", also die Übereinstimmung mit den EU-Richtlinien). Die CE-Kennzeichnung ist nach EU-Recht für bestimmte Produkte in Zusammenhang mit der Produktsicherheit seit 1997 Pflicht. Durch die Anbringung der CE-Kennzeichnung bestätigt der Hersteller, dass das Produkt den geltenden europäischen Richtlinien entspricht.

Eine zweite Richtlinie ist wichtiger für Badezimmer, denn sie gibt den Schutzgrad gegenüber Wasser an, den so genannten IP-Code („Ingress Protection" = Eindringschutz). Die Schutzgrade sind in der DIN EN 60529 festgehalten, zwischen 0 (kein Schutz) und 8 (das Gerät kann dauernd unter Wasser getaucht werden). Manchmal zeigt eine weitere Ziffer zwischen 0 und 6 die Widerstandsfähigkeit gegenüber mechanischen Einwirkungen an.

Alle Stromkreise für Licht (außer Kleinspannung), Heizung und andere Geräte müssen durch einen Fehlerstrom-Leistungsschalter von 30 mA geschützt werden, der den Strom automatisch unterbricht, falls Wasser ausläuft.

### Sicherheit geht vor

▶ Achtung: Legen Sie niemals ein an den Stromkreis angeschlossenes Gerät – Föhn, Radio, Telefon (Telefondosen sind in Badezimmern verboten) usw. – am Badewannenrand ab. Benutzen Sie diese Geräte nicht mit nassen Händen oder Füßen und erst recht nicht, wenn Sie in der Badewanne liegen! Um eine Glühbirne auszuwechseln, stellen Sie am besten den Strom im Badezimmer komplett ab.

Wandleuchten für den Außenbereich eignen sich perfekt für ein Badezimmer im industriellen Stil.

## Die Heizung

Wenn die außerhalb der Badewanne verbleibende Fläche ausreichend ist, dann ist eine Fußbodenheizung ideal. Die Warmwasserleitungen können sogar unter einer gefliesten Duschwanne verlaufen.
Ein vertikaler Handtuchtrockner, der auch als Heizung dient, kann an jeder freien Wand aufgehängt werden. Darüber hinaus bieten sich als Heizung auch eher unkonventionelle Formen an, etwa Edelstahlrohrschlangen oder ganz flache Heizkörper, die beispielsweise mit einem Digitalfoto bedruckt sind.
Wenn es eine elektrische Heizung ist, muss der Handtuchtrockner im Bereich 3 der Klasse I und im Bereich 2 der Klasse II entsprechen.

## Die Norm DIN IEC 60364

Diese Norm sieht die Regeln für Niederspannungsvorrichtungen vor, die im Badezimmer und in Feuchträumen eingerichtet werden. Vier Sicherheitsbereiche sind darin definiert.
Aus dem Bereich 0 werden alle elektrischen Geräte verbannt. Hiervon sind das Innere der Badewanne (sowie der Bereich darunter) und der Dusche betroffen. Also: Föhn und elektrischer Rasierapparat müssen mindestens 3,50 m weit weg gelagert und betrieben werden!
Der Bereich 1 ist die Fläche oberhalb der Badewanne, bis 2,25 m vom Boden aus und bis 2,25 m oberhalb des Bodens der Duschwanne. Nur Leuchten mit Schutzkleinspannung bis 12 V sind zugelassen, sofern sich der Sicherheitstransformator im Bereich 2 oder – noch besser – im Bereich 3 befindet.
Der Bereich 2 schließt an die Grenzen des Bereichs 1 an. Er entspricht dem Raum, der weniger als 0,60 m von Dusche oder Badewanne entfernt liegt und auf 2,25 m Höhe. Hier sind Leuchten und ein beleuchteter Badschrank der Klasse I und II zugelassen.
Im daran anschließenden Bereich 3 (2,25 m oberhalb der Dusche oder Badewanne, Ausdehnung 2,40 m) sind weniger geschützte Geräte zugelassen.

# VERSCHIEDENE BADEZIMMERTYPEN

# Klein oder riesig, aber immer komfortabel

Die Zwischendecke, leicht schräg abfallend, integriert aneinandergereihte Spots über die gesamte Länge des schmalen Badezimmers.

Manchmal gibt es bei der Einrichtung eines Badezimmers keine andere Lösung, als einen Raum mit vielen Problemstellen zu verwenden, etwa einen ehemaligen Flur. In einem so lang gezogenen, schmalen Raum ist es die beste Lösung, die Elemente an einer Wand aufzureihen und die Dusche am Ende des Raums zu platzieren. Ein hängendes Waschbecken und eventuell eine Hängetoilette lassen die Bodenfläche frei, und der Raum wirkt nicht so voll.

Teilen Sie das Bad nicht durch den Einsatz von verschiedenen Farben auf, sondern entscheiden Sie sich für eine monochrome, eher helle Stimmung zur optischen Vergrößerung. Ein Spiegel über die ganze Länge der Wand auf der Seite der Elemente ermöglicht sogar eine optische Verdoppelung des Raums.

## Die passende Wahl

- Passen Sie die Elemente an die Konfiguration des Raums an und nutzen Sie auch Problemstellen. Unter der Voraussetzung, dass sie weiterhin gut zugänglich sind, kann das Waschbecken in eine Mini-Nische eingebaut werden, und die Dusche kann sich in einem Winkel mit einer gefliesten Duschwanne ansiedeln, die sich genau dem zur Verfügung stehenden Platz anpasst.
- Denken Sie eventuell daran, die Öffnungsrichtung der Zimmertür zu ändern oder sie durch eine Schiebetür zu ersetzen.
- Große Kacheln sind für einen kleinen Raum nicht angebracht. Kleine Fliesen passen viel besser, vor allem wenn die Wand nicht ganz gerade ist.

Dieses lang gezogene Badezimmer hat Regale in der Verlängerung der Badewanne und gegenüber eine Banktruhe. Die monochrome Farbgebung vergrößert den Raum optisch noch zusätzlich.

In diesem winzigen Badezimmer bietet die kluge Raumaufteilung alle Annehmlichkeiten auf kleinstem Raum.

## Das Badezimmer im Taschenformat

Welchen Elementen sollte man den Vorzug geben, wenn das Badezimmer wirklich winzig ist? Das Waschbecken ist natürlich unerlässlich, aber sollte man sich eher für eine Dusche als für eine Badewanne entscheiden, wenn man doch eigentlich lieber bei einem Bad entspannt? Eine Badewanne kann auch als Dusche verwendet werden – umgekehrt ist das nicht möglich. Man kann etwa mit der Raumhöhe spielen und ein Waschbecken einplanen, das im Vergleich zur Badewanne etwas höher liegt, mit einem Podest, das gleichzeitig als Stauraum dient. In diesem Fall ist es aus optischen Gründen klug, ein Waschbecken aus Glas auf einer transparenten Platte zu wählen. Es gibt übrigens auch Badewannen, deren Breite zu einem Ende hin abnimmt, sowie quadratische Formen oder Viertelkreise, dank deren die Fläche optimal genutzt werden kann. Bei diesen Möglichkeiten sollten Sie jedoch auch die Größe und das Alter der Benutzer in Erwägung ziehen.

Wenn es um die Proportionen geht, verträgt ein kleiner Raum auch eine Zwischendecke: Ein paar Zentimeter genügen, um Lichtspots zu integrieren. Überall im Raum verteilt, verbreiten sie ein gleichmäßiges Licht und machen das Zimmer optisch größer.

### Eine effiziente Belüftung

- In einem kleinen Raum ohne Fenster, der sehr schnell beschlägt, denken Sie daran, ein gutes Belüftungssystem zu installieren (Abluftsystem oder Zwangslüftung).

- Entscheiden Sie sich für ein Modell, das nicht zu laut ist, und verbinden Sie es eventuell mit dem Lichtschalter, damit sich die Lüftung bei jedem Benutzen des Bades automatisch einschaltet.

**Die Badewanne steht im niedrigen Teil (weniger als 1,80 m Höhe) und hat dank des Dachfensters Licht und einen himmlischen Ausblick.**

## Ein Badezimmer unter dem Dach

In einem Badezimmer im Obergeschoss ist eine Dachschräge nicht unbedingt ein Nachteil. Es ist jedoch wichtig, sich beim Hereinkommen oder Stehen nicht den Kopf anzustoßen, vor allem vor dem Waschbecken oder in der Dusche. Nur die Badewanne kann unter einer Schräge von weniger als 1,80 m Deckenhöhe platziert werden, aber sobald man diese verlässt, muss die Decke wieder höher werden.

Überzeugen Sie sich von der Stabilität des Bodens, bevor Sie eine Badewanne installieren. Wenn diese mit Wasser gefüllt ist, wird sie sehr schwer. Denken Sie auch an die Dichtigkeit: Unter Umständen müssen Sie auf dem bestehenden Boden eine Isolierschicht gießen oder auf extrudiertem Polystyrol fliesen.

Licht ist wichtig, damit man sich in einem kleinen Raum nicht eingesperrt fühlt. Im Idealfall bauen Sie ein kleines Fenster ins Dach ein – hierfür brauchen Sie eine Baugenehmigung. Aber beim Baden in den Himmel zu blicken, ist einfach toll! Wenn große Spiegel dieses natürliche Licht zurückgeben, ist der Raum noch heller und wirkt größer. Um diesen Eindruck von Größe zu unterstreichen, vermeiden Sie dunkle Farben an den Wänden, aber Sie können die Struktur hervorheben, wenn sie nicht zu nah am Boden ist.

# Eltern, Kinder ... wollen wir teilen?

In vielen Wohnungen gibt es nur ein einziges Badezimmer. Somit ist es unerlässlich, dass es absolut sicher, funktional und im täglichen Gebrauch einfach zu benutzen ist. Der Raum, den sich alle Familienmitglieder teilen, muss für jeden angemessen und leicht zugänglich sein. Es ist ein Ort, an dem man sich trifft, diskutiert ... und zu Spitzenzeiten vor der Tür Schlange steht.

Um gereizte Stimmung im Bad zu vermeiden, setzen Sie, wenn möglich, Doppelwaschbecken oder zumindest ein breites Modell mit zwei Armaturen ein, damit es von zwei Personen gleichzeitig benutzt werden kann. Wenn das Zimmer groß genug ist, überlegen Sie nicht zwischen Badewanne und Dusche, sondern installieren Sie beides – so ist für alle Vorlieben etwas dabei. Wenn das nicht möglich ist, wählen Sie die größtmögliche Badewanne. Mit einer Eckbadewanne gewinnt man Platz, und man kann sie, wie auch eine klassische Badewanne, mit einer Dusche und einer Glaswand ausstatten. Eine weitere Lösung für Großfamilien, die es immer eilig haben: Installieren Sie zwei Duschen mit jeweils einem Wasserhahn über einer extragroßen gefliesten Duschwanne (2 x 1 m). Entscheiden Sie sich in jedem Fall für ein Thermostatventil, um zu vermeiden, dass man sich verbrüht.

Zwei Waschbecken, eine Badewanne und eine Dusche sind ideal für eine gemeinsame Benutzung, ohne sich gegenseitig zu stören.

## Das Badezimmer für die Eltern

Das Bad liegt meistens in der Nähe des Elternschlafzimmers und ist ihr ganz privater Raum. Dies setzt voraus, dass das Haus oder die Wohnung über weitere Badezimmer für die Kinder oder Gäste verfügt.

Platz ist Luxus. Profitieren Sie von der Fläche des Raums, um die Badewanne in die Mitte oder schräg zur Wand zu stellen, sodass sie von beiden Seiten zugänglich ist. Einige (ziemlich teure) Modelle sind wahre Skulpturen, aber man kann ein gängigeres Modell wählen und es auf einem Podest in Szene setzen oder eine Badewanne zum Einbauen in eine extrabreite Verschalung setzen, die viel Platz auf dem Rand bietet. Im Erdgeschoss kann die Badewanne auch wie ein Schwimmbecken in den Boden eingelassen werden.

Im Bad können Sie Ihren persönlichen Stil umsetzen: Yoga-Anhänger bevorzugen ein harmonisches Umfeld für ihre morgendlichen Übungen, Kunstfreunde hängen Gemälde an die Wände, Bücherwürmer machen aus dem Badezimmer eine zweite Bibliothek usw.

**Wenn das Badezimmer ausschließlich von Erwachsenen benutzt wird, darf es in erster Linie ästhetisch sein – natürlich ohne seine praktischen Seiten zu verlieren.**

In einem alten Haus kann das Badezimmer den Look eines altmodischen Damensalons mit Frisierkommode und gerahmtem Spiegel annehmen oder sich in ein Zweitwohnzimmer mit Sessel und Kamin verwandeln. Das ist das Größte: ein Bad vor lodernden Flammen zu nehmen!

**Eine zentral ausgerichtete Skulptur-Badewanne inmitten eines puristischen Dekors.**

**Andere Farbe, anderer Boden, andere Höhe: Das Badezimmer grenzt sich vom Schlafzimmer durch eine nur halbhohe Mauer ab, deren Form sich den Einrichtungen anpasst.**

## In das Schlafzimmer integriert?

Wird das Bad in den Schlafraum integriert, macht es daraus eine wahre Hotelsuite. Es braucht nicht viel Platz und verleiht doch durch die Öffnung zum Schlafzimmer hin ein Gefühl von Größe. Für diese Option entscheidet man sich entweder in einem großzügig geschnittenen Raum, etwa durch eine natürliche Verlängerung des Schlafzimmers, oder um Platz für anderes zu gewinnen. Es ist auch eine einfache Lösung, um Tageslicht in ein fensterloses Badezimmer hineinzulassen.

Diese Wahl bringt Vorteile, hat aber auch Nachteile, besonders wenn Ihr Partner einen anderen Rhythmus hat als Sie – denken Sie an Wassergeräusche und Licht mitten in der Nacht. Außerdem verzichtet man besser darauf, dort auch die Toilette unterzubringen. Da nichts verborgen bleibt, muss die Dekoration des Schlafzimmers und die des Bades als Gesamtwerk betrachtet werden. Man kann eine Unterteilung durchführen, entweder durch eine vertikale oder eine horizontale Teilmauer, oder durch einen Farbwechsel zwischen den beiden Bereichen und/oder durch einen anderen Bodenbelag. Eine unterschiedliche Bodenhöhe kann sich für den Verlauf von Rohren als notwendig erweisen.

# So organisieren Sie Ihren Stauraum

Wandschränke sind nie groß genug, um alles unterzubringen. Begutachten Sie den Inhalt und verbannen Sie Unnützes. Machen Sie dann eine Liste, was für jeden unerlässlich ist, und versuchen Sie, jedem seinen eigenen Stauraum zuzuteilen. Zahlreiche Säulenregale mit Türen passend zum Waschbeckenunterschrank sind in verschiedenen Stilformen und in unterschiedlichen Preiskategorien erhältlich.
Offene Regale sind praktisch, denn so ist alles in Reichweite. Sie verlangen jedoch eine gewisse Disziplin beim Aufräumen. Für die Ästhetik werden die Handtücher geordnet aufgestapelt. Weiteren Komfort bietet ein Beistelltisch auf Rollen, den man an Badewanne, Dusche und Waschbecken heranrollen kann.
Es ist angenehm, in der Nähe der Dusche über einen Platz für die Handtücher zu verfügen. Planen Sie ein Regal für die saubere Wäsche ein und Haken für die Kleidung, die Sie gerade benutzen, sowie zusätzlich einen Handtuchtrockner.
Mini-Ordnungssysteme sind auch eine gute Lösung. Kleine Körbe sind praktisch für die verschiedensten Gegenstände: Man kann sie leicht herausholen und wieder zurückräumen. Auch Schachteln sind sehr effektiv. Entscheiden Sie sich lieber für Polypropylen als für Karton, denn es ist wasserabweisend. Was den Arzneischrank betrifft: Wenn die Fläschchen und Schachteln nicht in einer Schublade versteckt werden können, erweist sich ein kleiner Schrank, der in kindersicherer Höhe an der Wand angebracht wird, als notwendig. Es gibt originelle Modelle in Form eines roten Kreuzes, Mini-Schränke aus Edelstahl usw.

**◄ Das Regal in Gepäcknetzoptik erinnert an die Züge von früher und bekommt eine neue Aufgabe: Handtücher. Der Retro-Look wird durch die Zierleiste noch unterstrichen.**

Diese Regale aus Gips nutzen eine Mauervertiefung und bieten viel praktischen Stauraum.

## Die Accessoires

Stellen Sie nicht zu viel ins Badezimmer, verwenden Sie lieber nur nützliche und funktionale Accessoires. Ein Spiegel ist unerlässlich. Je größer er ist, desto geräumiger erscheint das Zimmer und desto besser kann man sich sehen. Ein breites Modell braucht keinen Rahmen. Als dreigeteilte Variante ist ein Spiegel praktisch, wenn man sein Profil oder seinen Hinterkopf sehen möchte. Einige Modelle haben eine integrierte Beleuchtung oder Schienen an den Seiten, wie in den Garderoben von Schauspielern.

Ein Vergrößerungsspiegel ist praktisch, wenn Sie sich ohne Brille schminken möchten; er hat manchmal eine kreisförmige Beleuchtung. Neben Modellen zum Aufstellen sind solche, die man an einem Teleskoparm an der Wand befestigt, extrem praktisch.

Die Zahnbürsten müssen sich in der Nähe des Waschbeckens befinden, in Bechern oder einem kleinen Halter. Bringen Sie diesen aus ästhetischen Gründen eher an der Innenseite der Tür Ihres Badschranks an.

Der Handtuchhalter, eher als Stange als ringförmig, ist immer nützlich. In einem Bad für die ganze Familie sollte jeder seinen eigenen Haken haben. Wählen Sie einen Seifenhalter mit Löchern oder Rillen, damit die Seife besser trocknen kann. Es gibt sie zum Stellen oder zum Befestigen an der Wand.

### Spielen Sie mit den Accessoires

▶ Auf diese Weise können Sie die Dekoration nach Lust und Laune oder je nach Jahreszeit verändern. In einem neutralen Badezimmer können alleine die Accessoires den Stil beeinflussen. Alle sichtbaren Gegenstände sind entscheidend: Handtücher, Badteppich, Aufbewahrungsboxen, Flakons usw. Wählen Sie diese im Look Ihrer Dekoration und füllen Sie Ihre neuen Produkte um. So vermeiden Sie, dass überall Plastikfläschchen in sämtlichen Farben herumstehen, was nicht immer sehr ästhetisch aussieht.

Das offene Duschbad hier und auf der linken Seite ist ein und dasselbe. In der Winterversion erinnert es an einen Hamam. Im Sommer erhält es einen ganz anderen Look mit roten, dynamischen Accessoires.

# LOOK UND STIL

# Die Rolle der Farbe

Weiß, das Symbol für Sauberkeit, dominiert noch immer bei Waschbecken und Badewannen, aber bunte Farben halten ihren Einzug bei Möbeln, Stauräumen, Platten und an den Wänden. Die Fliesen sind in unendlich vielen Nuancen erhältlich. Neben Weiß sind Aquafarben beliebt, aber auch kräftige Töne, die man sich früher nicht in einem Badezimmer vorgestellt hätte. Beim Anstrich ist die Farbpalette immens groß, und man kann in Farbgeschäften und Baumärkten einen bestimmten Farbton herstellen lassen, etwa perfekt zu den Fliesen passend. Viele Farben können miteinander kombiniert werden, ob harmonisch oder als starker Kontrast. Alles ist eine Frage der richtigen Dosierung.

Gebrochenes Weiß und Pastelltöne verleihen einen ruhigen, sanften Eindruck. Natürliche Farben und Holztöne gehen einher mit Wellness-Feeling. Erdtöne – Maulwurffarben, Taubengrau, Sandfarben – sind auch beruhigend, passen zu jedem Stil und sämtlichen Stimmungen. Echtes Grau bis hin zu Schwarz findet man eher in einem sehr modernen Umfeld.

Blautöne, Himmelblau oder Nuancen, die ins Türkis oder Ultramarinblau gehen, werden unweigerlich mit Wasser und Frische assoziiert und sind entspannend. Grün verleiht im Spiegel keinen schönen Teint. Doch einige Grüntöne passen gut ins Badezimmer: Celadon-Grün, Nuancen, die ins Türkis gehen, Anisgrün in gemäßigter Dosis sowie Khaki, das in eher maskuline Badezimmer Einzug hält.

Lebendige, moderne und dynamische Farben sind bei sportlichen Menschen und Kindern sehr beliebt.

**Ein breiter Farbstreifen oder schmalere, ineinander verschlungene Streifen schaffen eine dynamische Stimmung.**

▲ Fliesen aus Glaspaste gibt es in vielen Farben. Optisch aufgelockert durch das enge Raster der weißen Fugen, können sie die Wand in ihrer gesamten Höhe abdecken, ohne sie zu „erschlagen“.

# Stilübungen

Zen, Design, Barock, traditionell, Retro, exotisch, zusammengewürfelt, maritim oder eine Mischform ... Um Ihren Geschmack und Ihre Vorlieben besser herauszufinden, sollten Sie sich viele verschiedene Einrichtungsarten ansehen, indem Sie Badstudios besuchen und Beispielfotos oder Artikel aus Zeitschriften sammeln. Manche Dekorationsrichtungen gefallen Ihnen vielleicht, passen aber nicht zu Ihrem Umfeld, Ihrer Lebensart, der Konfiguration der Räume oder zu Ihren Mitteln. Überlegen Sie, wie Sie am ehesten das Badezimmer Ihrer Träume realisieren können, ohne Ihr Budget zu sprengen. Mit Produkten und Materialien, die in Baumärkten angeboten werden, können Sie sie sicher ebenfalls wahr werden lassen, aber zu einem geringeren Preis. Lassen Sie sich von Farben inspirieren, fügen Sie Details hinzu oder setzen Sie auf Schlichtheit. Vergessen Sie vor allem nicht, dass Ihre Einrichtung in erster Linie bequem, praktisch und pflegeleicht sein muss. Wenn Sie unsicher sind, entscheiden Sie sich lieber für Schlichtheit – daran sehen Sie sich nicht satt.

**Dem oft neutralen Badezimmer kann durch gut überlegte Accessoires ein eigener Charakter verliehen werden.**

◄ Materialien und Accessoires verleihen diesen beiden Bädern den Charme vergangener Tage.

▲ Schwarz/Grau/Weiß, kombiniert mit Ausstattungen in grafischen Linien und glänzendem Chrom, reiht dieses Badezimmer in den Designer-Stil ein.

**Eine Badewanne mit Löwenfüßen und zusammengewürfelte Accessoires, alte Armaturen, Terrakotta mit Patina ... dieses Badezimmer scheint mehrere Generationen erlebt zu haben.**

## Der klassische Stil

Dieser altmodische Charme passt gut in einen Altbau. Der klassische Stil wird inspiriert durch die ersten richtigen Badezimmer vom Ende des 19. Jahrhunderts. Die Gussbadewanne – ein breites, längliches Becken mit abgerundetem Rand – steht auf Füßen in Form von Löwentatzen. Das Porzellanwaschbecken auf einer Säule ist riesig und weist einen breiten Rand auf. Die Armaturen von damals sind aus Messing und haben natürlich keine Mischbatterie.

Heutzutage kann man sich ganz und gar für diesen Stil entscheiden – dank der „Neuauflagen", die das Alte perfekt imitieren, aber aus weniger schwerem Material bestehen (insbesondere Badewannen) und den aktuellen Komfort sowie die heutige Sicherheit bei Armaturen oder Beleuchtung aufweisen. Sie können Ihr Glück auch bei spezialisierten Antiquitätenhändlern versuchen.

Der Fußboden spielt dabei eine große Rolle. Man findet noch relativ teuren, alten Terrakottaboden bei Altwarenhändlern. Etwas günstiger imitieren manche neue Terrakottafliesen perfekt den alten Stil. Auch Zementfliesen sind typisch für diesen Dekorationsstil. Ist Parkett vorhanden, kann man dieses entweder wachsen oder, noch praktischer, versiegeln oder sogar streichen, ohne dem Look zu schaden.

An der Wand sind die Fliesen meistens weiß, manchmal auch facettiert. Bei ungleichen Wänden ist eine vertikale Wandvertäfelung eine interessante Lösung, durch die darüber hinaus noch Rohrleitungen versteckt werden können.

## Der moderne Stil

Das moderne Bad zeichnet sich durch seinen Minimalismus aus. Es ist alles andere als vollgestellt, nur die unbedingt notwendigen Elemente werden gezeigt. Die Wandschränke sind unauffällig, und alles wird sorgfältig hinter glatten Türen verstaut, an denen es oft keine Griffe gibt.
Die Formen sind geradlinig oder folgen genau ausgearbeiteten Kurven. Die Ausgeglichenheit entsteht aus den gewählten Farben, vom reinen Weiß über sämtliche Grauschattierungen bis zu Tiefschwarz, sowie aus den Materialien gewachster Beton, Corian® und anderen Verbundwerkstoffen, Schiefer in breiten Kacheln, Granit usw. Auch Blankglas und Sandglas haben dort ihren Platz, ebenso wie poliertes und sehr glattes Hartholz mit klaren Ecken.
In diesem Umfeld kann man sich gut eine Skulptur-Badewanne aus Stein, Holz oder sogar aus Glas vorstellen. Aber auch eine Standardbadewanne mit einer entsprechenden Verkleidung kann perfekt passen. Das Waschbecken sollte besonders grafisch sein. Die Armaturen aus Edelstahl zeichnen sich durch die Schlichtheit des Designs aus und sind leistungsstark. Tagsüber ist die Beleuchtung unsichtbar. Sie kann in Form von Spots in die Decke integriert sein oder indirekt angeordnet sein, sodass es scheint, als käme sie von oben aus der Wand. Das Licht kann auch durch eine zentral platzierte Kachel aus lichtdurchlässigem Glas verbreitet werden.

**Um die Abflussrohre verschwinden zu lassen, reicht die Verkleidung aus Holz oder Metall tiefer als der Boden des Beckens.**

Gewachster Beton und klare Linien, Schlichtheit bei Farben und Dekor, minimalistische Armaturen: Viele Charakteristika stehen für den modernen Stil.

## Aus alt mach neu

Der Aus-alt-mach-neu-Look präsentiert sich als Gesamtlook für das komplette Bad oder in Form kleiner Highlights. Dank Waschbecken zum Aufsetzen oder Einbauen können viele alte Möbelstücke als Waschtisch dienen: ein Tisch von einem Stoffhändler, ein Grainetier, ein Schreibtisch, ein antiker Waschtisch mit Marmoroberfläche usw. Sie müssen nur ein Loch für den Ablauf und eines für die Armaturen hineinbohren.
Die Sanitäranlagen selbst können vom Trödel- oder Antiquitätenhändler kommen: ein Waschbecken vom Anfang des Jahrhunderts auf einer Säule, ein Spülstein, ein Gemeinschafts- oder Laborwaschbecken, vielleicht aus Metall usw. Wenn es aus Porzellan ist, überprüfen Sie, ob es keine Risse oder Sprünge hat und ob Sie die Armaturen auch anschließen können.
Wenn Sie sich für eine Gussbadewanne entscheiden, achten Sie auf das Gewicht, das bis zu 400 kg betragen kann! Um ihr einen neuen Look zu verleihen, streichen Sie sie von außen in einer zum Dekor passenden Farbe oder verleihen Sie ihr ein gewollt verrostetes Aussehen. Eine neue Badewanne wird mit Holzpaneelen, die durch ein wasserabweisendes Produkt geschützt sind, einer Hülle aus Rohbeton oder mit Blech verkleidet.
Ein Kalkanstrich passt gut zu diesem Look. Leicht pigmentiert und in mehreren verdünnten Schichten aufgetragen, verleiht er den Wänden ein antikes Aussehen.

**Ein neues, buntes Leben für dieses alte Schulpult in einem Familienbad im Antik-Look.**

Antike Materialien und Möbel für den sanften Aus-Alt-mach-Neu-Look. Der Marmor des Waschtischs wurde durchbohrt, damit das Wasser zu- und ablaufen kann.

## Inspirationen aus der Ferne

Wenn man ein wenig in der Welt herumgereist ist, zeigt sich der Einfluss von Ländern, in denen das Bad eine Institution ist, oft in der Dekoration zu Hause.
Für Sauna-Liebhaber kommt der finnische Look nicht ohne Holz an den Wänden aus, das in Form von einzelnen verlegten Paneelen angebracht wird.
Der typische Hamam-Look drückt sich in Form einer Wand aus Tadelakt aus. Dieser spezielle Putz kann auch Waschbecken und Badewanne auf einer Zementverschalung verkleiden, deren abgerundete Ecken ein Beweis für die Handanfertigung sind. Die Dusche ist von einer Mauer umgeben. Ein mit natürlichen Pigmenten gefärbter Kalkanstrich ist leichter durchzuführen und ergibt einen ebenso schönen Effekt.

**Die handgefertigten Materialien mit sanften Linien führen uns nach Marokko.**

Für einen etwas höheren Preis werden Zellige – marokkanische Fayencefliesen – halbhoch an der Wand angebracht und umgeben den Spiegel mit einem Mosaik. Beim japanischen Look findet man Holz wieder, aus dem die Badewannenverkleidung besteht, und Bambus an der Wand. Bei den Accessoires kann man auf Holz und indigofarbene Wäsche nicht verzichten.
Wenn man in die eigentliche Ausführung des Bades nicht eingreifen möchte, kann man sich auch mit Deko behelfen, etwa mit indischen Schranktüren oder einer Sammlung afrikanischer Kämme.

**Der skandinavische Look inspiriert dieses Badezimmer aus Holz, in dem die Duschkabine fast hermetisch abgeschlossen ist, damit der Dampf wie bei einer Sauna im Inneren bleibt.**

# MATERIALIEN UND AUSSTATTUNG

# Mauern und Wände: Eine riesige Auswahl

Fayencekacheln sind zu zerbrechlich für den Boden, aber ideal für Wände. Sie sind wasserundurchlässig und vertragen die meisten Reinigungsmittel.
Steinzeug ist sehr modern. Es ist überaus robust und in kleinen Quadraten in drei Größen erhältlich, wobei die kleinsten auch die teuersten sind. Bis zu einer Größe von 5,5 x 5,5 cm wird es in Platten von 50 cm Seitenlänge auf ein Raster geklebt. Emailliertes gepresstes Steingut imitiert Backsteine, Stein, Beton, Holz, Bambus, Silber oder rostiges Metall.
Glaskacheln gibt es rechteckig oder im Format 10 x 10 cm. Sie werden wie Fliesen verlegt. Glaspaste ist aufgrund ihrer Wasserundurchlässigkeit und ihrer Robustheit für das Bad gut geeignet. In Form von Mosaiken auf einem Gitter ist sie einfach zu verlegen. Echtes Mosaik wird handverlegt, Steinchen für Steinchen. Diese Arbeit setzt Zeit und Können voraus. Man kann die Steinchen vorbereiten, indem man sie auf der Rückseite auf Papierbögen klebt und anschließend in Form von Platten verlegt. Emaille-Fliesen sind erhältlich als Platten, die auf ein Netz geklebt sind. Sie sind besonders stoßbeständig und resistent gegen Scheuermittel.

Fliesen sind immer noch die beliebteste Wandverkleidung. Sie sind am pflegeleichtesten, vorausgesetzt, die Fugen sind gut gearbeitet. Fachgeschäfte bieten eine große Auswahl in jeder Preisklasse an. So kann man mit Bordüren und kleinen Mosaiksteinen spielen, die Fliesen gerade oder diagonal verlegen, mehrere Farben verwenden, Motive kreieren, verschiedene Formate mischen usw. Die Verfugung ist sehr wichtig. Dieselben Fliesen sehen völlig unterschiedlich aus, je nachdem, ob die Fugen transparent, weiß, farbig oder sogar schwarz sind.

Glaspaste gibt es in verlegefertigen Platten. Für kleinere Ecken und Winkel erfolgen die Schnitte ganz einfach zwischen den kleinen Quadraten.

**Seidiger Glanz bei gewachstem Beton oder eine eher rohe Optik bei geschliffenem Stein in Kombination mit Mosaikfliesen.**

## Glas und Beton

Um eine thermische oder akustische Trennung zu erzeugen, kann Hartglas als Trennwand eingesetzt werden – entweder völlig durchsichtig oder in Mattoptik, um die Intimität zu bewahren und dennoch vom Licht zu profitieren. Es kann auch noch mit grafischen Elementen in Form von Streifen, Punkten usw. verziert sein. Glassteine sind viel dicker und ermöglichen den Bau einer robusten, lichtdurchlässigen Wand.

Gewachster Beton ist ein sehr angenehmes Material. Um keine Probleme mit Rissen oder der Dichtigkeit zu bekommen – besonders in der Dusche –, vertrauen Sie die Installation am besten einem Profi an.

## Farbe und Putz

Ein neuer Farbanstrich verändert das Badezimmer mit geringen Kosten. Entscheiden Sie sich am besten für eine fungizide Vinylfarbe oder für einen Kalkanstrich, der noch natürlicher wirkt. Fliesen können Sie mit spezieller Fliesenfarbe streichen. An nur einem Wochenende kann das Badezimmer so völlig neu gestaltet werden. Wenn Sie stimmungsvolle Natürlichkeit mögen, denken Sie an Kalkputz, der darüber hinaus noch ökologisch ist. Dieses wasseraufsaugende Bindemittel kann gut auf Beton, Hohlblöcken, Backsteinen, Stein usw. aufgetragen werden.

Tadelakt, eine marokkanische Spezialität, ist reiner Kalk, der mit natürlichen Pigmenten gefärbt wurde. Die Arbeit mit dem Original dauert lang, doch heutzutage bringen gebrauchsfertige Produkte ein ähnliches Ergebnis und sind in Badezimmern genauso widerstandsfähig.

Von Tapeten wird in kleinen Bädern, die oft beschlagen, abgeraten. Wenn Ihr Herz dennoch daran hängt, entscheiden Sie sich am besten für eine Tapete aus Vinyl, die feuchtigkeitsbeständig ist. Aber Achtung: Vinyl erfordert ein sorgfältiges Anbringen auf einer ganz trockenen Wand!

### Marmor, Granit, Stein, Schiefer

- Leider sind all diese schönen Materialien relativ teuer.
- Für eine kleine Fläche brauchen Sie nur wenige Quadratmeter; der Effekt kommt jedoch erst in einem etwas größeren Raum richtig zur Geltung.

## Holz

Um die feuchte Umgebung in einem Bad unbeschadet zu überstehen, muss Holz sowohl auf der Vorder- als auch auf der Rückseite durch einen Versiegelungslack imprägniert werden. Sie können z. B. Kiefernpaneele lasieren und anschließend mit einem matten Lack schützen. Nur Teak und exotische Hölzer sind unverrottbar. Als naturbelassenes oder geöltes Massivholz sind sie resistent gegen Feuchtigkeit, ohne dass man sie imprägnieren muss. Wenn Sie Möbel aus Holz wünschen, sollten Sie also diesen Sorten den Vorzug geben. An der Wand vergrößert das horizontale Verlegen der Paneele optisch das Zimmer, doch mit einem vertikalen Anbringen begünstigt man das Ablaufen des Dampfes.
In einem Badezimmer, in dem Holz dominiert, ist ein gutes Belüftungssystem unerlässlich, damit das Material trocknet und nicht mit der Zeit beeinträchtigt wird.

**▲ Das Parkett wurde durch mehrere Schichten Bootslack imprägniert und ist nun wasserbeständig.**

**◄ Gestrichenes Holz verträgt eine feuchte Umgebung gut, vorausgesetzt, es wurde durch einen Anstrich auf allen Seiten und auch zwischen den Paneelen gut imprägniert.**

## Parkett

▶ Parkett ist eine angenehme, aber nicht ideale Möglichkeit für ein Bad. Es muss imprägniert und perfekt abgedichtet werden. Parkett aus Teakholz im Stil von Schiffsdeckbelägen ist in dieser Hinsicht am effizientesten.

▶ Platten aus engmaschigem Gitterrost sind eine weitere Lösung, um einen eher langweiligen oder bereits in die Jahre gekommenen Fußboden abzudecken.

Die horizontal verlegten Holzpaneele verleihen diesem Badezimmer den Look einer finnischen Sauna. Sie wurden wie der Boden versiegelt und sind nun feuchtigkeitsresistent.

# Boden und Bodenbeläge

Auch beim Boden bleiben Fliesen der am häufigsten verwendete Belag, sie sollten allerdings robuster und dicker sein als Wandfliesen. Es ist also nicht empfehlenswert, die gleiche Sorte zu verwenden. In Räumen mit einer kleineren Fläche wählen Sie besser kleinformatige Fliesen, so haben Sie weniger Schnitte und Übergänge, außer wenn die Bodenfläche völlig rechtwinklig ist.
Fliesen aus Zement sind sehr robust. Es gibt sie einfarbig in zahlreichen Farbtönen, aber auch mit traditionellen Mustern und trendigen Designer-Motiven.

**Einige Zementfliesen mit alten Motiven als Bordüre verleihen dem Boden einen eigenen Charakter.**

Terrakottafliesen sind zeitlos, erfordern aber eine wasserabweisende Vorbehandlung. Geben Sie für ein Badezimmer emailliertem Terrakotta den Vorzug.
Steinzeug nutzt sich nicht ab. Es ist sehr hart und sowohl für den Boden als auch für die Wand geeignet. Es kann in kleinen Quadraten verwendet werden, die auf ein Raster geklebt werden, um leichter verlegt werden zu können, oder als etwas größere Quadrate, die einzeln verlegt werden. Emailliertes gepresstes Steingut kann wie Stein, Marmor, Parkett usw. aussehen.
Mosaik aus Glaspaste ist sehr robust und einer der wenigen Fliesenbeläge, die man sowohl für den Boden als auch für die Wand verwenden kann. Die Fugen müssen sehr genau und glatt gearbeitet werden, damit sich das Wasser nicht darin staut.

## Die neuen Bodenbeläge

- Bodenbeläge aus PVC sind hygienisch, antibakteriell und verschleißbeständig. Das Verlegen auf einem glatten und harten Boden ist ganz einfach. Bevorzugen Sie wegen der Fugen einen PVC-Boden mit großer Fläche zum Ausrollen anstatt kleinerer. PVC imitiert andere Materialien und ist in einer Vielzahl an Motiven erhältlich.
- Kautschuk mit einem rutschfesten Relief muss auf gleichmäßigen Boden verlegt werden bzw. kann bei kleinen Flächen auch einfach auf Teppichklebeband geklebt werden.
- Naturfasern sind zu vermeiden: Das Wasser macht Flecken, und sie könnten schimmeln. Nur Seegras, das gewischt werden kann, eignet sich gut.

Warum nicht einmal eine Dusche aus Stein? Wenn sie wasserabweisend verfugt wird, stellt das kein Problem dar. Hier imitiert Kunststein perfekt alten Stein.

# Das Waschbecken, nützlich und schön

Die Angebote sind so zahlreich, dass die Wahl nicht leichtfällt. Wozu wird Ihr Waschbecken dienen? Nur zum Händewaschen und Zähneputzen oder auch zum Handwaschen von Textilien? Das würde Waschbecken ausschließen, deren Abfluss nicht verschlossen werden kann.

Bei den Materialien ist Porzellan immer noch der Star. Es ist beständig, hygienisch und leicht zu reinigen. Acryl verhält sich meist im Alterungsprozess nicht ganz so gut, Kompositmaterialien trotzen den Zeichen der Zeit dafür umso besser. Edelstahl, für eine leichtere Pflege eher gebürstet, und Glas sehen ganz und gar zeitgemäß aus. Ein durchsichtiges Waschbecken aus klarem oder mattem Glas wirkt optisch sehr leicht. Achten Sie bei einem Waschbecken aus Stein auf Risse, wenn das Wasser zu heiß ist. Bei Modellen aus Holz sollten Sie Teak den Vorzug geben. Und schließlich ist es auch möglich, ein Waschbecken aus Beton zu gießen und es mit Fliesen oder Mosaiken zu verzieren, die sich seiner Form gut anpassen.

**Eingebaut oder auf einem leichten Gestell: zwei Beispiele für Waschbecken, die in einem kleinen Badezimmer nicht viel Platz wegnehmen.**

Dank des aufgesetzten Waschbeckens verbleibt im Regal darunter mehr Stauraum als bei einem Einbaumodell.

## Zum Aufsetzen, zum Einbauen oder auf einem Standfuß?

Ein Waschbecken auf einem Standfuß hat den Nachteil, dass seine Höhe vorherbestimmt ist. Einige Modelle zum Aufhängen haben ebenfalls einen Fuß, in dem allerdings nur der Siphon und die Rohrleitungen versteckt werden; man kann das Becken also auf der gewünschten Höhe anbringen.
Runde oder ovale Einbaumodelle sind unauffälliger und können in jeden Stil integriert werden, doch die Reinigung der Beckenränder ist nicht einfach. Bei Glasbecken reinigen Sie die Ränder und Fugen regelmäßig mit einem Pinsel mit harten Borsten, mit dem Sie auch in die feinen Zwischenräume gelangen können.

Waschbecken zum Aufsetzen werden in zwei Kategorien unterteilt. Die runde oder ovale Schüsselform ist in sämtlichen Materialien und Farben erhältlich. Ein Steinbecken ruht auf der gesamten rechteckigen oder quadratischen Basis. In beiden Fällen wählt man den Wasserhahn in Abhängigkeit von der Höhe des Beckens. Kommt er aus der Wand, muss er lang genug sein, damit das Wasser nicht in alle Richtungen spritzt.
Eine Platte mit einem Einbaubecken aus dem gleichen Material – Porzellan, Glas oder Corian® – ist ästhetisch und pflegeleicht.
Ein an der Wand hängendes Waschbecken ist wiederum ideal in kleinen Badezimmern, da es wenig Platz wegnimmt. In der Regel besteht der Ablauf aus ästhetischen Gründen aus Edelstahl.

**Diese Waschbecken können auf sämtliche Möbeltypen aufgesetzt werden: Diese müssen nur für den Wasserhahn und den Ablauf doppelt durchbohrt werden.**

**Der Einhebelmischer auf der Waschtischplatte oder an der Wand bietet hohen Komfort.**

## Wasserhähne

Wasserhähne werden sehr oft betätigt und müssen nach ihrer Qualität ausgesucht werden. Früher befanden sich am Waschbecken zwei Wasserhähne: einer für kaltes und einer für warmes Wasser. Dann kam der Hahn mit zwei Hebeln auf. Heute entscheidet man sich immer öfter für einen Einhebelmischer, den man mit nur einer Hand bedienen kann und mit dem sowohl die Temperatur als auch die Durchflussmenge geregelt wird.
Manche Einhebelmischer sind noch ökonomischer und bequemer: Die Wassertemperatur wird vorher eingestellt. Bei einem berührungsfreien Wasserhahn mit Infrarot beginnt das Wasser zu laufen, wenn man die Hand darunterhält, sehr praktisch für Benutzer, die Probleme mit der Beweglichkeit ihrer Finger und Hände haben.
Der Platz für den Wasserhahn ist auf dem Waschbecken vorgesehen, wenn es sich um ein einfaches Modell oder um ein Einbaubecken handelt. Bei einem Schüsselbecken geht er hinten oder seitlich von der Waschtischplatte ab. Bei einem Wandausgang ist der Wasserhahn leichter zu reinigen, denn er ist vor Spritzern und Kalkablagerungen geschützt. Zudem gewinnt man so Platz auf dem Waschtisch, aber man muss die Verlegung der Wasserleitungen in der Wand im Voraus planen.

### Ein passender Stil

▶ Der Stil des Wasserhahns passt sich dem des Badezimmers an. Die Auswahl ist groß, vom klassischen Modell in seiner Neuauflage bis hin zum puristischen Designer-Modell.

▶ Bei zwei sehr ähnlich aussehenden Wasserhähnen kann der eine bis zu dreimal teurer sein als der andere, was wahrscheinlich eine Frage der Qualität ist. Vergleichen Sie auch die Eigenschaften, die man nicht sieht: Kreuzstück aus ABS, Keramikkopf, Garantiezeit usw.

# Eine Badewanne zum Entspannen

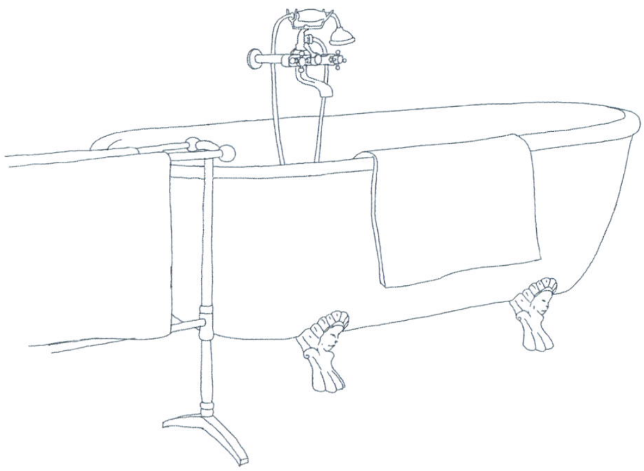

Bei Badewannen gibt es eine große Auswahl an verschiedenen Formen und Funktionen. Sie ist klassischerweise rechteckig oder oval. Als platzsparende Lösung kommt eine Eckbadewanne mit einer Bodenfläche von 150x100 cm aus. Der Viertelkreis ist dabei die gängigste Form und am größten und komfortabelsten, denn hier ergibt sich eine Seitenlänge zwischen 130 und 150 cm. Eine Badewanne mit einem Balneotherapiesystem garantiert noch mehr Entspannung. Dieses System kann an zahlreiche Badewannenmodelle angepasst und auch mit einem Farbtherapiesystem kombiniert werden, bei dem dank eines Unterwasser-Spots die Farbe des Wassers – auch wechselnd – verändert werden kann, vom beruhigenden Blau bis hin zum dynamischen Rot und zu sämtlichen anderen Farben.
Das Nonplusultra bei den Badewannen ist die Überlaufwanne, die an Schwimmbecken erinnert.
Je nach Look des Bades bevorzugt man eine „nackte" Badewanne, die direkt auf den Boden gestellt wird, ein Modell auf Füßen mit einer Schutzverkleidung oder eine Einbauwanne. Vergessen Sie nicht, dass es einen Zugang bzw. eine Klappe geben muss, um eventuelle Rohrleitungsprobleme zu lösen.

## Inhalt und Fassungsvermögen

▶ Die Badewanne steht für Spaß und Entspannung. Am liebsten mögen wir sie lang, tief und breit, damit man völlig darin abtauchen kann. Um ein Bad zu nehmen, braucht man Zeit – allein schon zum Füllen der Wanne! Wenn Sie zwischen einer Dusche und einer Badewanne schwanken, denken Sie daran, dass Baden im Verbrauch teurer ist.

Ob direkt auf dem Boden oder auf passenden Füßen: Die Badewanne wird zum Möbelstück im modernen Look.

Die Badewanne ist umgeben von einem breiten Rand, auf den man sich setzen und auf dem man Badaccessoires abstellen kann.

## Materialien von gestern und heute

Es gibt immer mehr unterschiedliche Materialien. Die traditionelle Badewanne ist aus Edelstahl (1,5 oder 2,4 mm dick) oder aus Emaille, aber die aktuellen, viel leichteren Modelle sind nicht weniger solide. Acrylstoffe sind besser geworden und mit Mineralien vermischt (wie Quaryl®, eine Mischung aus Quarz und Acryl). Sie reproduzieren sogar alte Modelle, wie die Badewanne mit Löwenfüßen. Modelle aus Harz, Beton oder Stein sind nach wie vor recht teuer.

Eine einfache Badewanne braucht eine Verkleidung. Einige Varianten, insbesondere Eckbadewannen, werden mit einer montierfertigen Schutzverkleidung verkauft, die in der Regel wenig ästhetisch ist. Verkleiden Sie sie besser mit Holz oder verlegen Sie Fliesen auf einer Verschalung aus extrudiertem Polystyrol.

Um in der Wanne zu duschen, kann man immer noch eine Duschwand aus Glas hinzufügen: Das Wasser läuft ab und hinterlässt weniger Kalkablagerungen.

**Aus dem Einhebelmischer fließt Wasser, dessen Temperatur die ganze Zeit über konstant bleibt.**

### Passende Armaturen

- Bei den zum Waschbecken passenden Armaturen hat man die Wahl, je nach Geschmack, zwischen einfachen Wasserhähnen, Mischbatterien und Thermostat-Einhandmischern, die aus Sicherheitsgründen über eine Blockierung bei 38 °C verfügen.
- Sie können direkt auf der Badewanne befestigt werden, die zu diesem Zweck am Rand durchbohrt wird, oder auf dem umliegenden Rand. Wenn die Badewanne direkt an einer Wand steht, hat man auch die Möglichkeit, Wandarmaturen zu verwenden. Die neueste Version: am Boden befestigte Armaturen.

# Die Dusche, wohltuend und belebend

Die Dusche ist ein Ort des Wohlfühlens. Sie spart sowohl Zeit als auch Wasser und kann mit einer Massagevorrichtung ausgestattet werden. Ihre Bodenfläche beträgt mindestens 80 x 80 cm und ihre Höhe wenigstens 200 cm. Der Trend geht hin zu geräumigen Duschen, insbesondere wenn man aus Geschmacks- und Umweltgründen auf eine Badewanne verzichtet oder wenn man ein zweites, kleineres Badezimmer einrichtet.
Für die Duschwanne stehen Ihnen mehrere Optionen zur Verfügung. Die montierfertige Duschwanne ist quadratisch, rechteckig, ein Viertelkreis oder ellipsenförmig, und dasselbe Modell existiert oft in mehreren Größen. Sie ist immer öfter ultraflach: Das Betreten ist leichter, und das Wasser läuft durch einen Siphon mit schnellem Auslauf ab. Modelle dieser Art sind aus Keramik, zum Auflegen oder zum Einbauen, aus Emaille-Guss mit rutschfestem Grund oder aus Acryl, rutschfestem, wärme- und geräuschisolierendem Material. Duschwannen aus Teak sind angenehm an den Füßen und manchmal ohne sichtbaren Abflussstopfen.
Die fliesfertige Duschwanne mit einem extraflachem Becken ist ideal für eine ebenerdige Dusche. Aus extrudiertem Polystyrol, Putz oder Stahl passt sie sich allen Formen des Duschbereichs an. Wenn die Fläche unregelmäßig oder kurvenförmig ist, fertigen Sie mit Hilfe von großformatigem Papier eine Schablone an und lassen Sie Ihre Duschwanne nach dieser Schablone anfertigen.

**In dieser Glaskabine gibt es nur einen sehr geringen Höhenunterschied zwischen der extraflachen Duschwanne und dem Fußboden.**

## Türen und Abtrennungen

Die Dusche kann mittels einer Wand aus klarem Glas oder Sandglas abgetrennt werden, die sich an die Form der Dusche anpasst und auf verschiedene Arten geöffnet werden kann. Nicht jede Öffnung ist für jeden Benutzer geeignet. Probieren Sie Abtrennungen in einem Badstudio aus, bevor Sie sich endgültig entscheiden: Es gibt Türen mit einem oder zwei Flügeln, zum Klappen, Drehen oder Schieben. Bei Duschen mit Glaswänden auf zwei oder drei Seiten erfolgt die Öffnung manchmal mittels eines kleinen Zugangs.
Einfacher, kostengünstiger, aber auch weniger dicht ist ein Duschvorhang, der in sämtlichen Dekors – manchmal sehr bunt – zu haben ist.

**▲ Eine Glastür ist das sicherste Mittel, um Wasserspritzer außerhalb der Dusche zu vermeiden.**

**► Diese Duschwand aus einer alten Tür hilft gegen Spritzer und ist sehr dekorativ.**

## Das neue Leben von Duschvorhängen

► Ein Duschvorhang ist eine preiswerte Lösung und nicht nur nützlich, sondern mittlerweile auch sehr dekorativ.

► Duschvorhänge aus Plastik haben die unangenehme Eigenschaft, an nasser Haut kleben zu bleiben. Ein Vorhang aus Baumwolle ist eher schlicht, aber auch pflegeleicht und trocknet sehr schnell.

## Die Armaturen

Eine Mischbatterie mit Thermostatventil ist wirklich ideal für eine Dusche, denn aus ihr läuft das Wasser ständig in der gewählten Temperatur.
Im Trend sind breite Brauseköpfe mit Antikalk-Noppen, so genannte Regenduschen. Sie werden direkt an der Wand oder der Decke befestigt oder auf eine Art Paneel montiert und verteilen das Wasser auf angenehme Weise wie ein Regenschauer. Die Ausstattung wird komplettiert durch eine kleine, flexible Handbrause.
Eine Hydromassage-Säule erfordert den passenden Druck und einen höheren Wasserdurchsatz als eine normale Dusche. Der Warmwasserverbrauch ist deutlich höher: Wenn Sie nur einen Boiler von 150 l haben, laufen Sie Gefahr, am Ende mit kaltem Wasser zu duschen! Auch der Ablaufdruck muss höher sein, und ein Schlauch mit einem Durchmesser von 40 mm ist zu eng. All diese Punkte müssen abgeklärt werden, bevor Sie sich entscheiden.
Eine fertige Duschkabine aus einem Block mit einer Hydromassage-Säule und einer Hamam-Funktion ist zweifellos sehr praktisch. In ästhetischer Hinsicht kann sie noch verbessert werden. Doch sie ist auf jeden Fall eine gute Lösung, wenn Sie größere Umbauarbeiten vermeiden möchten.

**In die Zwischendecke eingelassener Duschkopf, minimalistische Armaturen: Der Komfort bleibt unauffällig.**

**Das Wasser läuft ab, indem es dem ganz leichten Gefälle der Duschwanne bis hin zum zentralen Abfluss folgt.**

## Die bodengleiche Dusche

Dieses trendige Konzept ohne Duschwanne und ohne Trennwand hat viele Vorteile: sehr leichter Zugang, passt sich jeder Fläche – auch ganz kleinen – an und lässt sich problemlos reinigen. Diese Möglichkeit ist auch für ältere Menschen oder Personen, die in ihrer Beweglichkeit eingeschränkt sind, interessant.

Dieser Bereich muss perfekt dicht sein. Die Materialien wurden speziell dafür entwickelt, in Form einer dünnen, fliesfertigen Duschwanne oder einer Platte aus extrudiertem Polystyrol mit einem speziellen Anschluss für die Wand.

Im Erdgeschoss ist eine solche Dusche kein Problem. Doch im Obergeschoss muss der Boden genau untersucht werden, denn die Dusche muss auf einer Betonschicht stehen. Vor allem in Altbauten muss geprüft werden, ob dieses zusätzliche Gewicht möglich ist. Um den Ablauf des Wassers zu ermöglichen, muss u. U. die gesamte Fläche des Duschbereichs angehoben werden, den man dann über eine kleine Stufe betritt. Die Beschichtungen müssen ebenfalls dicht und der Boden rutschfest sein.

Der Duschkopf sitzt auf dem an der Wand befestigten Wasserschlauch, kommt direkt aus der Wand oder ist in eine Zwischendecke eingebaut, unter der sämtliche Leitungen verborgen sind.

Auf den ersten Blick gibt es in solchen Badezimmern keinen Stauraum, außer er wird vor Wasserspritzern geschützt, beispielsweise hinter einer kleinen Mauer.

**Die Duschbank ist sehr praktisch: Hier kann man sich unter dem Regenstrahl eines breiten Duschkopfs entspannen oder sich ganz gemütlich eine Fußpflege gönnen.**

# PRAKTISCHES

# FRAGEBOGEN/WELCHES BADEZIMMER BRAUCHE ICH?

Dieser kleine Fragebogen wurde entwickelt, um Ihnen bei der Ausarbeitung Ihres Einrichtungs- und Dekorationsprojekts zu helfen. Antworten Sie so genau wie möglich auf die folgenden Fragen, damit das Deko-Profil Ihres zukünftigen Badezimmers genau bestimmt werden kann, genau wie es ein Profi (Architekt oder Innenausstatter) machen würde.

Nehmen Sie sich die Informationen in diesem Buch zu Hilfe, und Sie erhalten einen individuellen Überblick. Das Ziel: ein gelungenes Badezimmer, das Ihrem Geschmack, Ihrem Budget und Ihrer Lebensart entspricht.

## ▶ DIE BENUTZER

• Wie viele Personen benutzen das gleiche Badezimmer?

3-4 Personen ..............................

• Zu welchen Zeiten benutzen sie es?

Morgens, Abends ..............................

..............................

• Haben Sie kleine Kinder?

Nein ..............................

• Gibt es ältere oder behinderte Personen?

Nein ..............................

## ▶ IHR DERZEITIGES BADEZIMMER

FLÄCHE UND PLATZ

• Über wie viel Fläche verfügen Sie?

14 m² ..............................

• Gibt es eine Möglichkeit, den Raum zu vergrößern?

..............................

..............................

• Ist das Badezimmer leicht zugänglich?

Ja ..............................

..............................

- Welche Nachteile hat es?

- Was ist praktisch?

- Welche Mängel hat es?

- Was würden Sie gern erneuern?

- Was ist nicht sehr ästhetisch, aber trotzdem unerlässlich?

- Gibt es Elemente, die Sie unbedingt behalten möchten/müssen?

ARCHITEKTUR UND EINSCHRÄNKUNGEN

- Ist die Tür gut platziert? Kann sie versetzt werden?

- Ist das Fenster gut platziert? Zu niedrig? Zu hoch? Passt Ihnen die Größe?

- Gibt es verwinkelte Ecken? Können diese optimiert werden?

- Wenn sich das Bad unter dem Dach befindet: Ist der Platz unter der Schräge ausreichend?

- Gibt es Lüftungsleitungen oder Abflussleitungen für das ganze Haus?

- Gibt es Probleme bei Wasserzu- und -abläufen? Müssen Sie eine Pumpe installieren?

## ► IHR ZUKÜNFTIGES BADEZIMMER

• Möchten Sie zwei Waschbecken?

……………………………………………………

• Sind Sie eher für eine Dusche oder für eine Badewanne?

……………………………………………………

• Haben Sie die Möglichkeit, beides unterzubringen?

……………………………………………………

• Haben Sie daran gedacht, einen Zugang bzw. eine Klappe zu platzieren, um an die Wasserzu- und -abläufe zu kommen?

……………………………………………………

• Müssen Sie eine Toilette integrieren?

……………………………………………………

• Brauchen Sie viel Stauraum?

……………………………………………………

• Brauchen Sie Platz für eine Waschmaschine?

……………………………………………………

• Wollen Sie sonst noch etwas integrieren (Hometrainer usw.)?

……………………………………………………

• Welche Aufteilung wäre ideal?

……………………………………………………

## ► STILFRAGE

• Welche Stilrichtungen haben Ihnen in diesem Buch gefallen?

……………………………………………………

• Welche Art Dusche bevorzugen Sie? Mit welcher Wanne oder Bodenverkleidung? Mit Hydromassage-Strahl oder anderen Ausstattungen im Stil einer Balneotherapie?

……………………………………………………

• Welche Abtrennungen und Türen gefallen Ihnen?

……………………………………………………

• Welche Art Badewanne mögen Sie? Lange Badewanne, Eckwanne? Ein Duschbad? Mit einer Wellness-Ausstattung im Stil einer Balneotherapie?

……………………………………………………

• Welche Farben mögen Sie?

……………………………………………………

• Welche Materialien gefallen Ihnen?

– für den Boden……………………………………

……………………………………………………

– für die Wand..............................................

.................................................................

– für die Verkleidung der Wanne..................

.................................................................

– für den Waschtisch....................................

.................................................................

## ▶ ORGANISATION DER ARBEITEN

• Welches Budget haben Sie für das neue Badezimmer?

.................................................................

• Kommt ein Handwerker zum Einsatz?

.................................................................

• Was werden Sie selbst machen?

.................................................................

.................................................................

• Gehen Sie in ein Fachgeschäft?

– Welchen kostenlosen Service bietet es?

.................................................................

– Für welchen Service muss man zahlen?

.................................................................

– Gibt es Nachlässe/Finanzkauf usw.?

.................................................................

• Wie wollen Sie die Arbeiten planen?

.................................................................

.................................................................

• Haben Sie eine Übergangslösung, wenn die Arbeiten im einzigen Badezimmer stattfinden?

.................................................................

### DIE ARBEITEN: GEHEN SIE SCHRITT FÜR SCHRITT VOR

1. Ein-/Abreißen, Entfernen von Bauschutt
2. Installieren von neuen Anschlüssen und Leitungen
3. Rohbau
4. Elektrische Installation
5. Gipsarbeiten
6. Installation der Sanitärelemente
7. Fliesen
8. Verlegen des Bodens
9. Dekoration

# IO EINRICHTUNGSIDEEN MIT GRUNDRISS

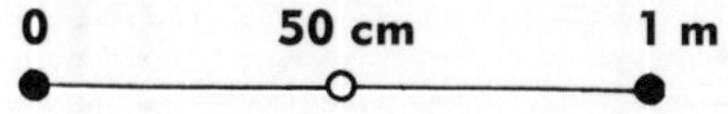


## ZWEI MINI-BADEZIMMER

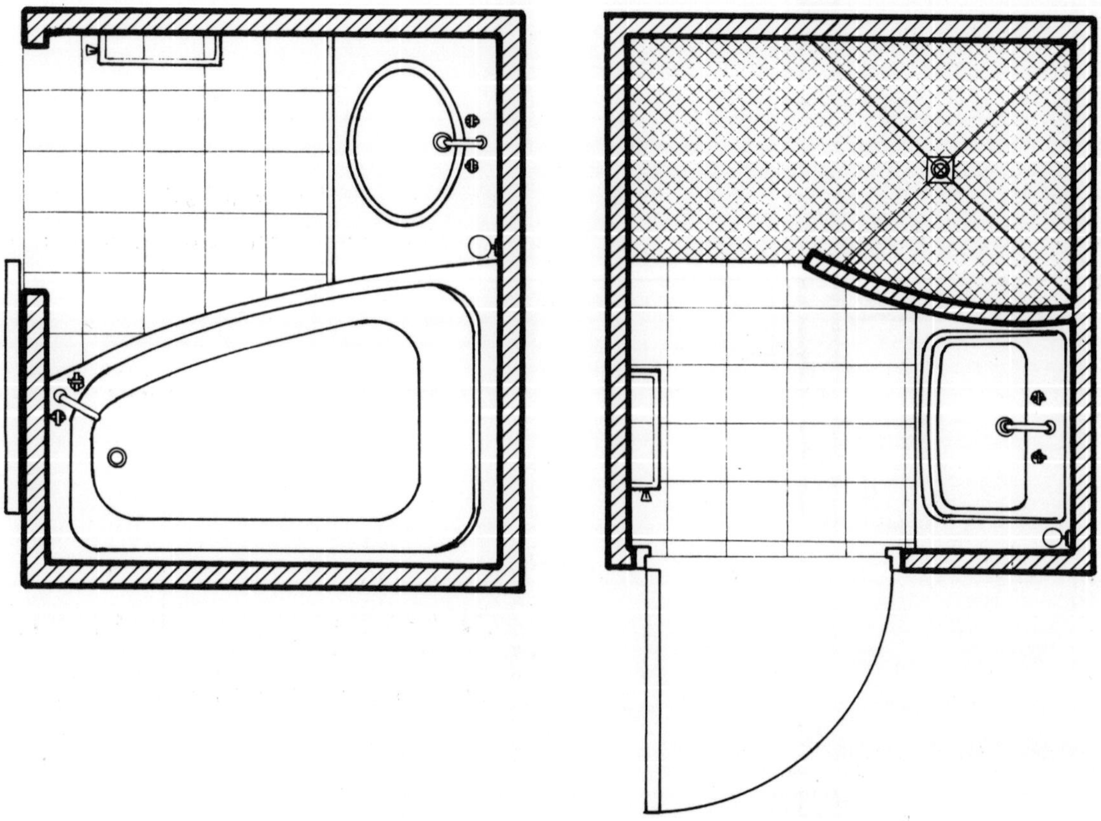

► Bei diesen zwei fast identischen Miniflächen gibt es zwei Optionen: Für die Bade-Fans wird eine relativ kurze Badewanne (1,50 m) zu einem Ende hin breiter, damit man sich besser entspannen kann.

Bei der Option mit Dusche entschied man sich für eine Abtrennung in Kurvenform, die zur Waschbeckenseite hin mehr Platz lässt. Ein gefliestes Becken passt sich der Rundung leicht an.

Der gesamte Duschbereich verlängert sich bis zur Wand und ist um 10 cm erhöht, da die Rohrleitungen nicht im Boden verlegt werden können.

# DAS ELTERNBADEZIMMER

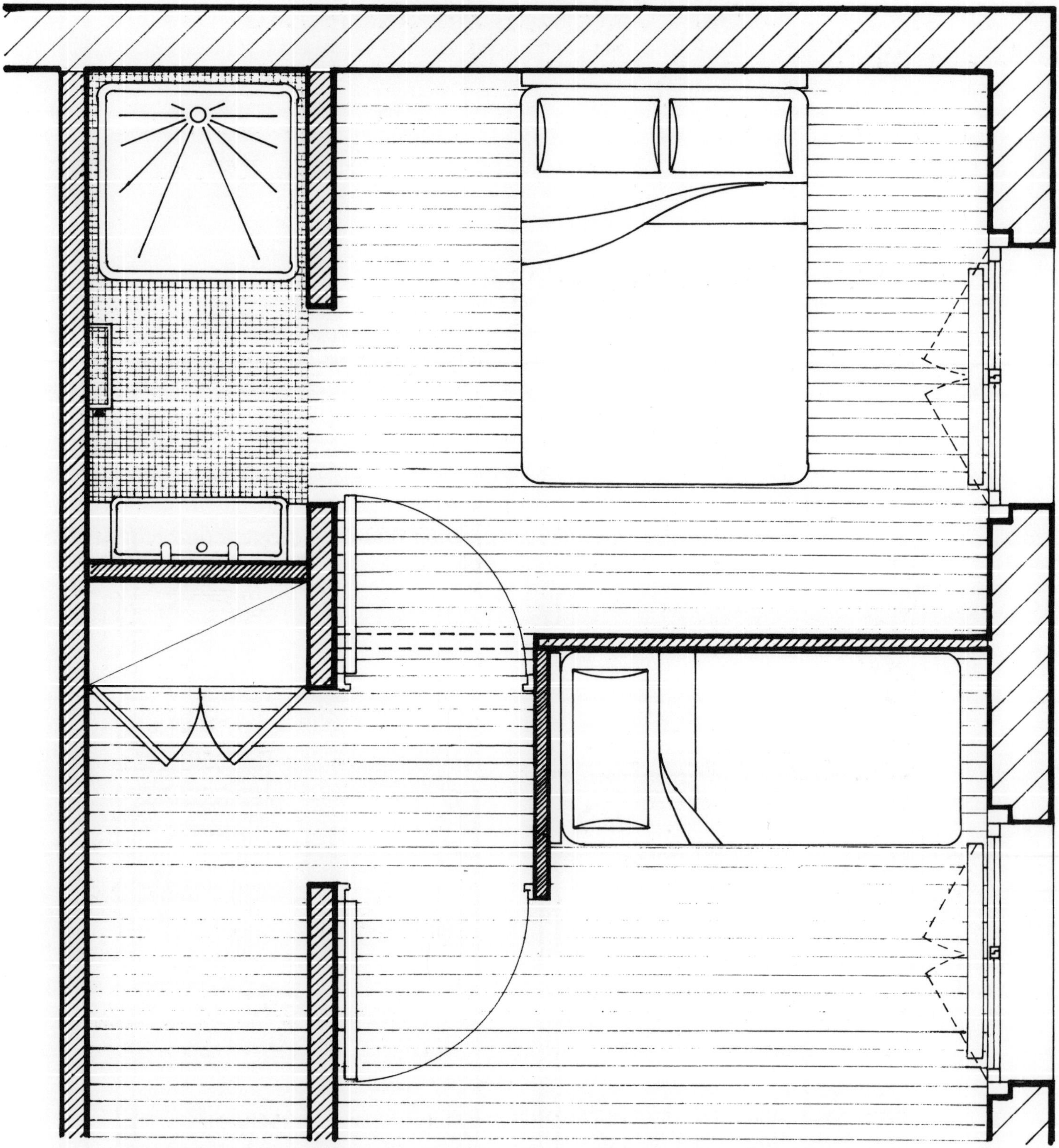

► In dieser Wohnung wurde ein Wandschrank am Ende des Flurs entfernt und eine Trennwand quer vor den Durchgang gesetzt, um zwischen den Zimmern einen Durchgangsraum zu schaffen. So konnten ein minimalistisches, aber gleichzeitig praktisches Badezimmer für die Eltern sowie ein neuer Wandschrank eingerichtet werden.

# BADEZIMMER MIT KREUZFÖRMIGER ANORDNUNG

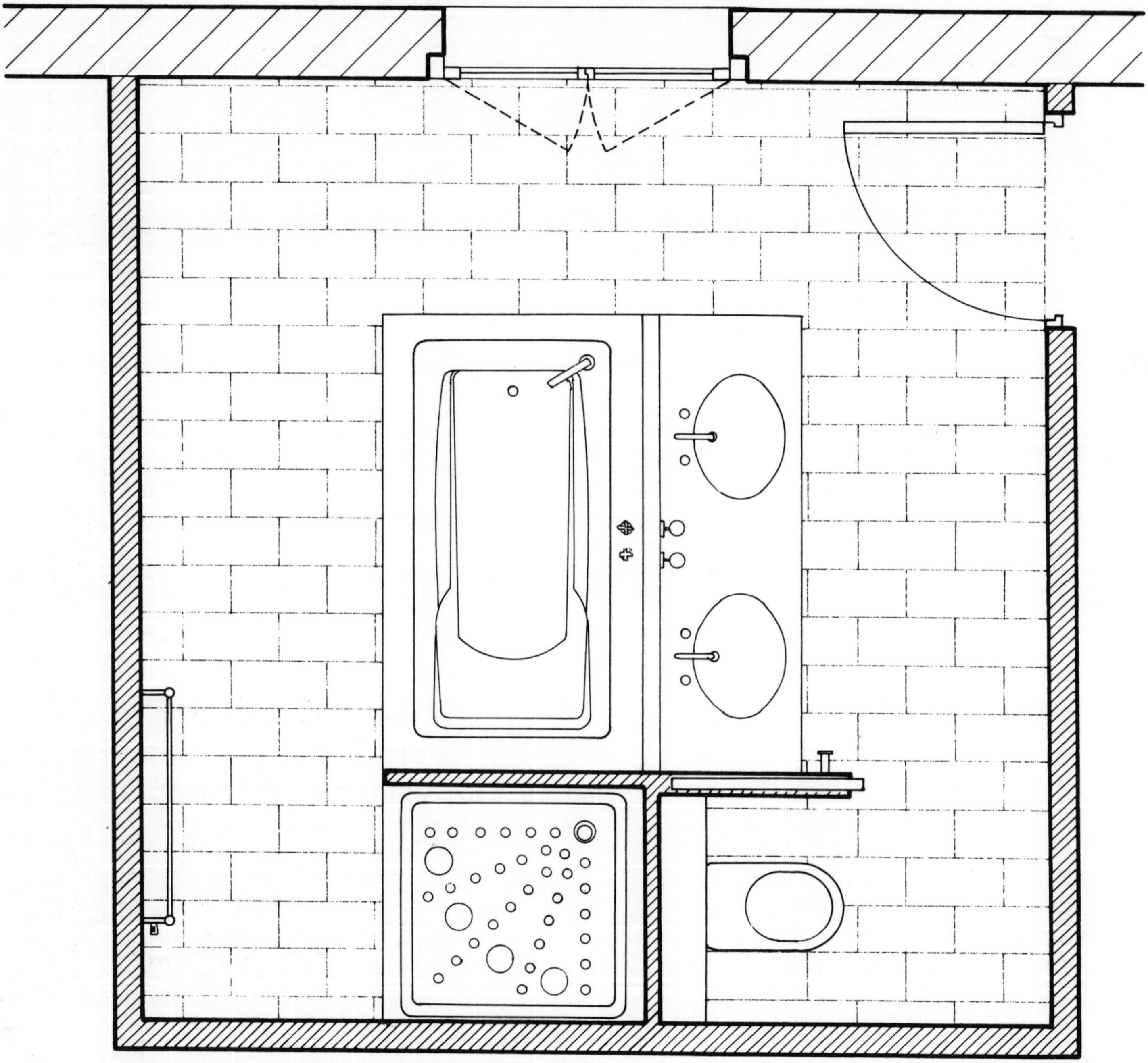

► In einem etwa 12 $m^2$ großen Raum sind viele Lösungen denkbar. Hier hat man sich für eine zentrale Anordnung entschieden. Die Einrichtungselemente befinden sich rund um die kreuzförmige Trennwand, die bei Dusche und Toilette bis zur Decke reicht (und durch eine Schiebetür abgeschlossen ist), während sie zwischen Badewanne und Waschbecken auf einer Höhe von 1,90 m endet.

# EIN SCHLAFZIMMER WIRD ZUM BADEZIMMER

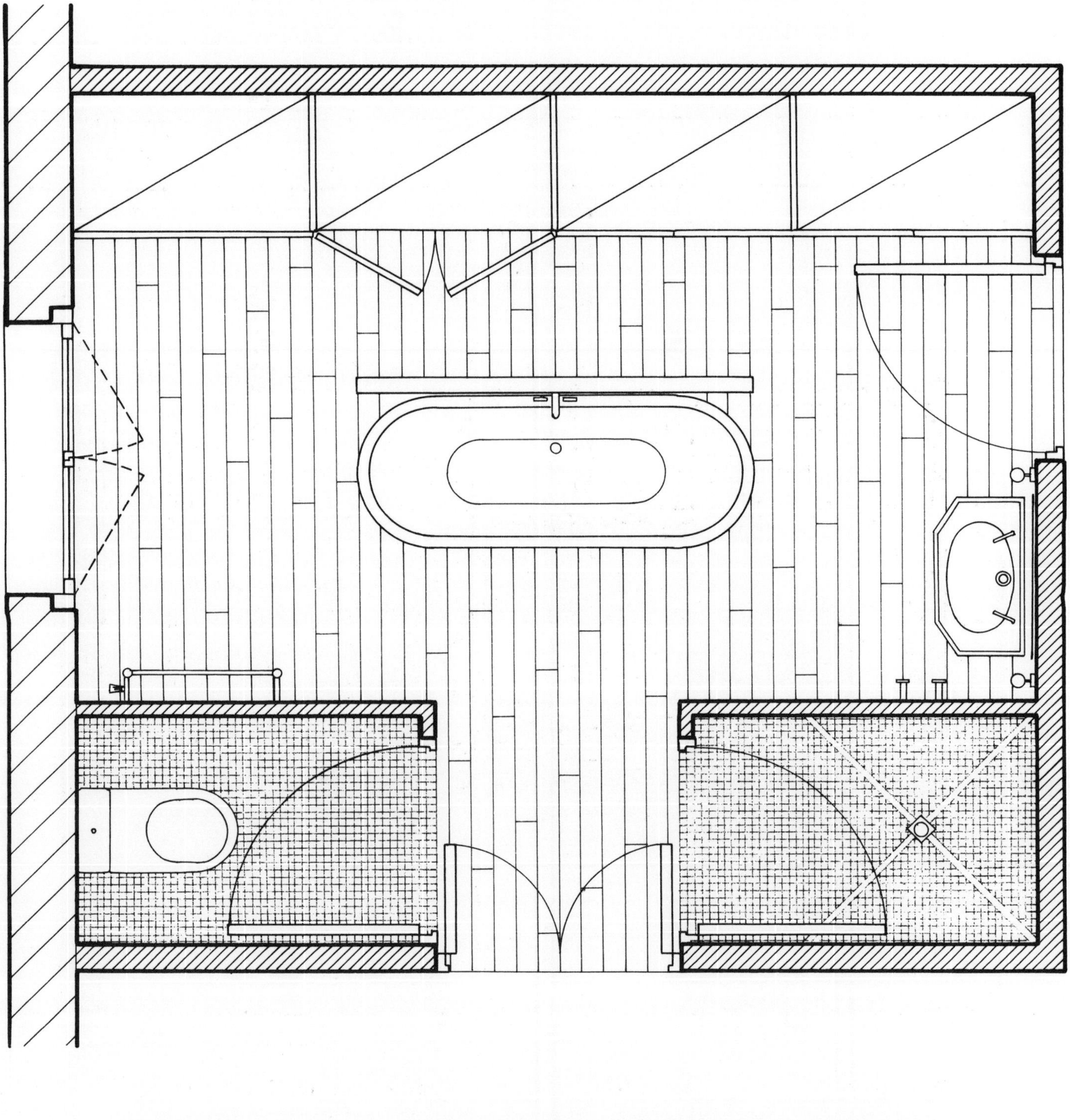

▶ In diesem großen Landhaus hat man das ursprüngliche kleine Badezimmer in ein Schlafzimmer integriert. Zu beiden Seiten des Haupteingangs kommt man über eine Stufe zu Toilette und Dusche (leicht erhöht wegen der Wasserleitungen), die wie Kabinen gestaltet sind. Der Kamin wurde entfernt, um einen Wäscheschrank zu installieren, und eine kleine Mauer wurde gesetzt, um dort die alte Badewanne aufzustellen, von der aus man in den Garten blickt.

# EIN BADEZIMMER IM DOPPELPACK

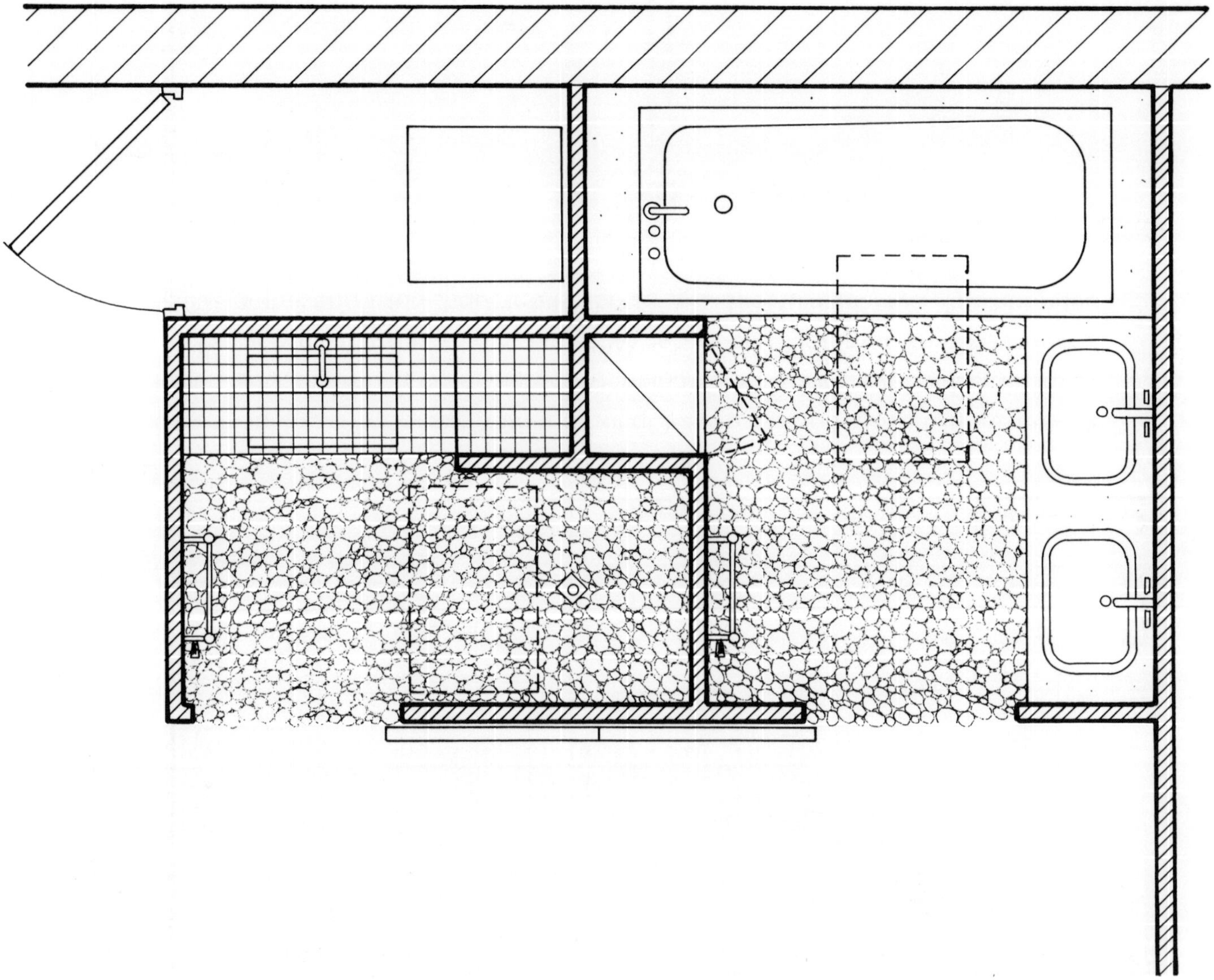

► In diesem Loft hat man sich anstelle eines einzigen großen Raums für ein Badezimmer und einen getrennten Waschbereich entschieden – bei Teenagern ein Muss! Der Waschraum ist vollständig gefliest, einschließlich des Waschbeckens und der Regale, die vor der Dusche und Wasserspritzern geschützt sind. Eine kleine Waschküche befindet sich in der Nische direkt dahinter. Die beiden Räume erhalten Tageslicht durch Dachfenster.

# EIN BADEZIMMER MIT KURVENFORM

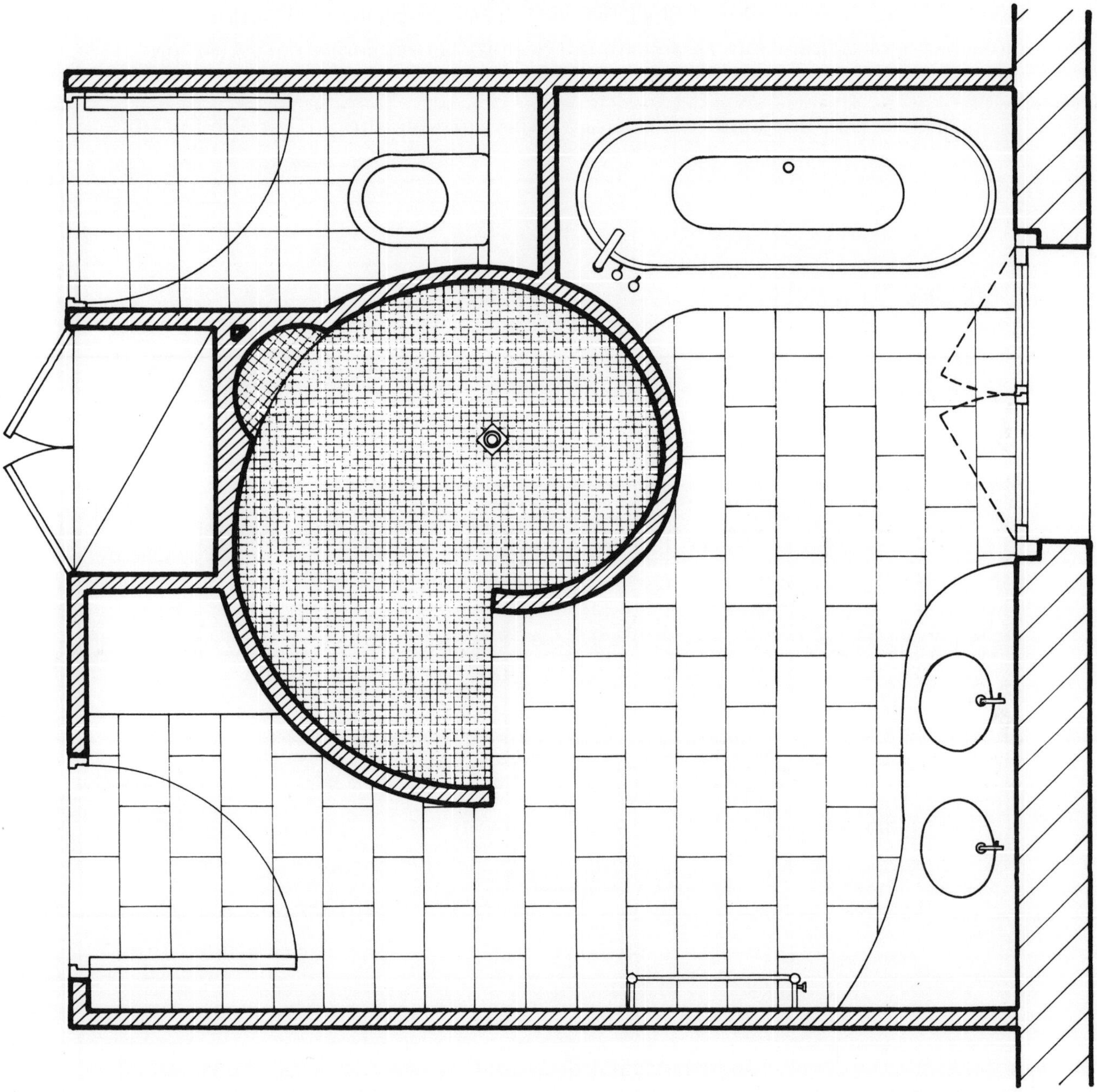

► Warum nicht Kurven? Für diese Option hat man sich bei dieser Fläche von 16 $m^2$ entschieden. Sie ist in verschiedene Bereiche rund um die Dusche in Schneckenform aufgeteilt, die in der Mitte des Zimmers steht. In den Ecken befinden sich auf der Flurseite ein Wandschrank und, auf Badezimmerseite, Stauräume in Regalen.

# EIN LANG GEZOGENES BADEZIMMER

▼ Die einfachste Lösung in einem schmalen, länglichen Raum ist es, alle Elemente nebeneinander aufzureihen. In dieser ehemaligen Abstellkammer hat man (nach erfolgter Genehmigung) eine Öffnung zum Außenbereich geschaffen und diese mit Glassteinen versehen. Schräge Wände mit schmaleren Glassteinen trennen Toilette, Dusche und Waschbecken ab.

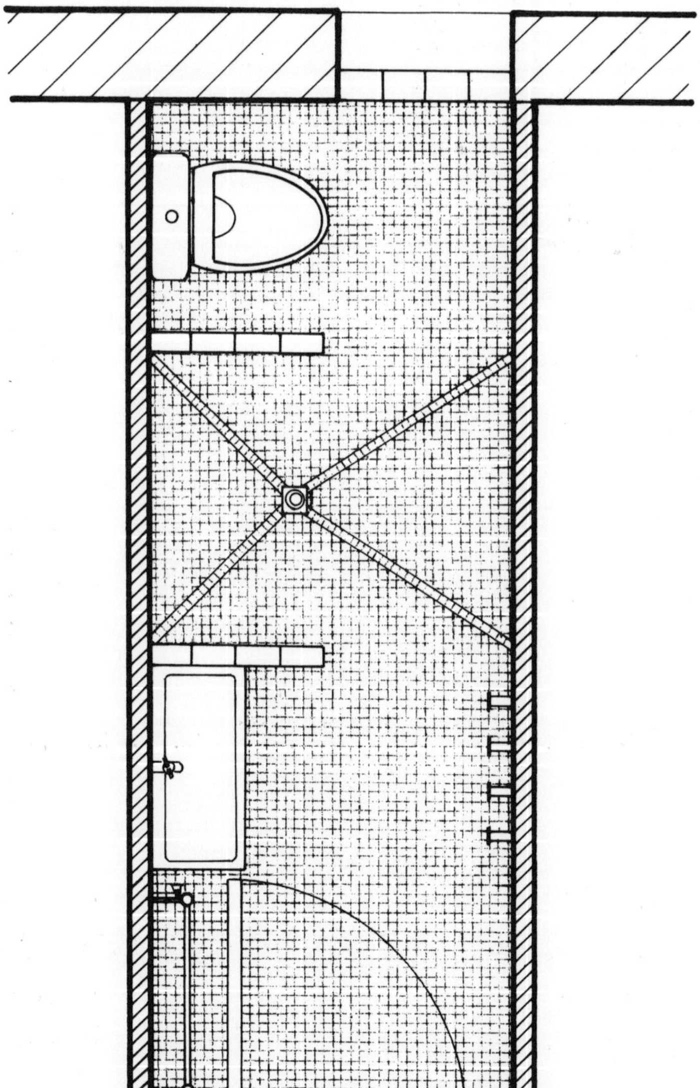

► Zwei Zimmer unter dem Dach wurden zusammengelegt, um ein Schlafzimmer mit angrenzendem Badezimmer zu erhalten. Die Dusche ist abgetrennt durch eine halbhohe Mauer, über der sich eine breite Glasscheibe befindet. Der Waschtisch wird bis unter die Mansarde verlängert. Dort findet sich zusätzlicher Stauraum.

# EIN BADEZIMMER UNTER DEM DACH

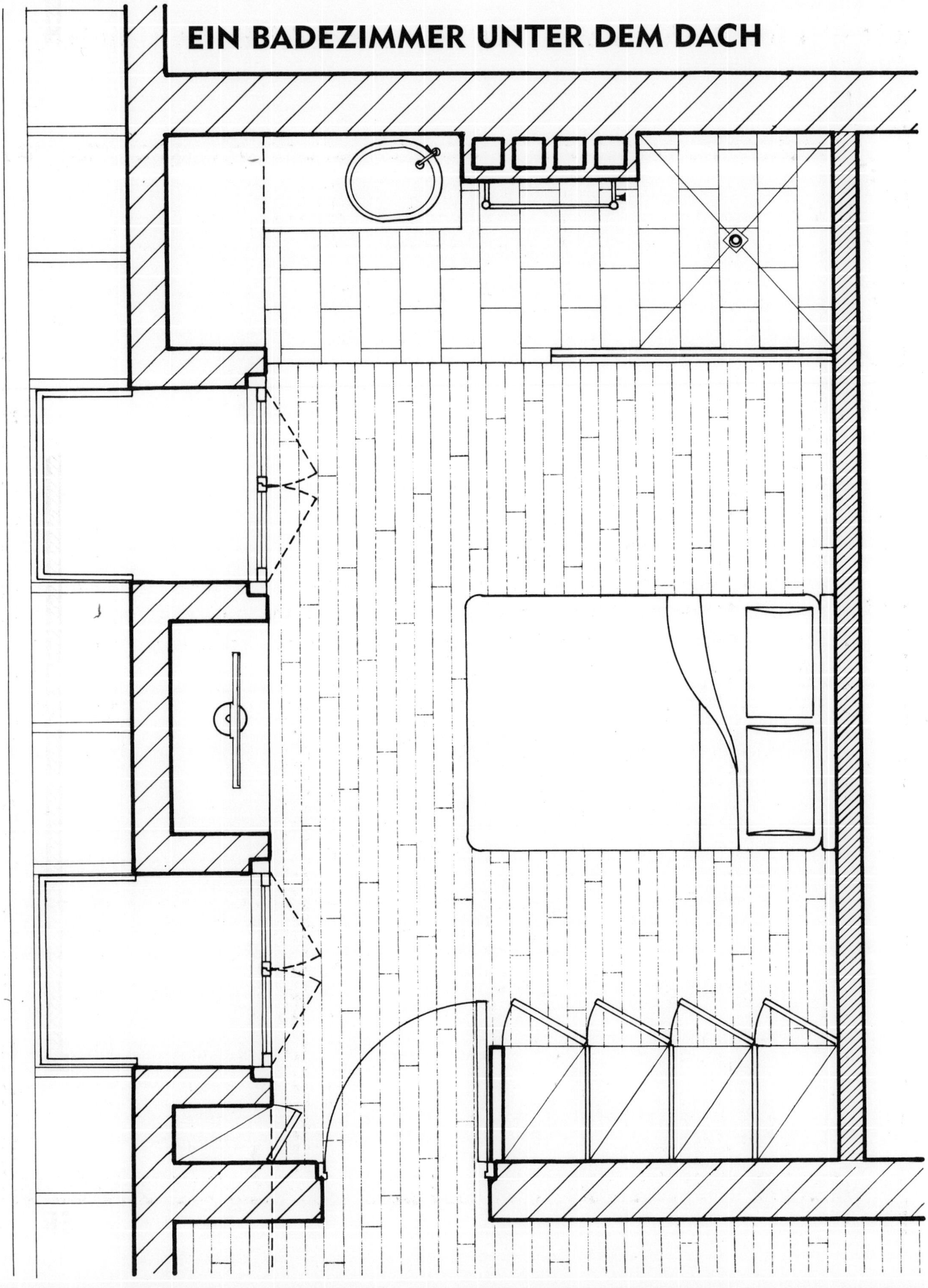

# AN EIN SCHLAFZIMMER ANGRENZENDES BADEZIMMER

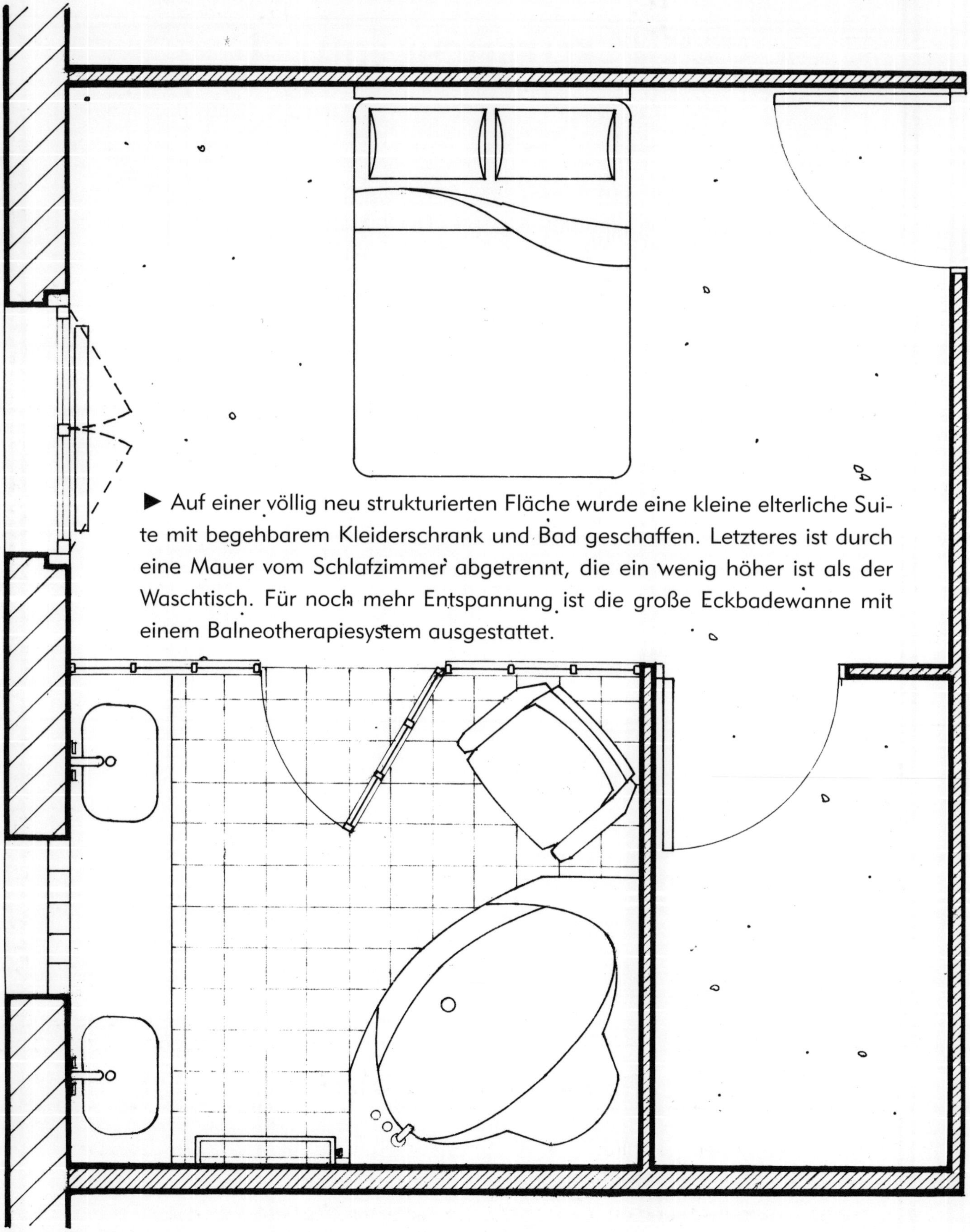

► Auf einer völlig neu strukturierten Fläche wurde eine kleine elterliche Suite mit begehbarem Kleiderschrank und Bad geschaffen. Letzteres ist durch eine Mauer vom Schlafzimmer abgetrennt, die ein wenig höher ist als der Waschtisch. Für noch mehr Entspannung ist die große Eckbadewanne mit einem Balneotherapiesystem ausgestattet.

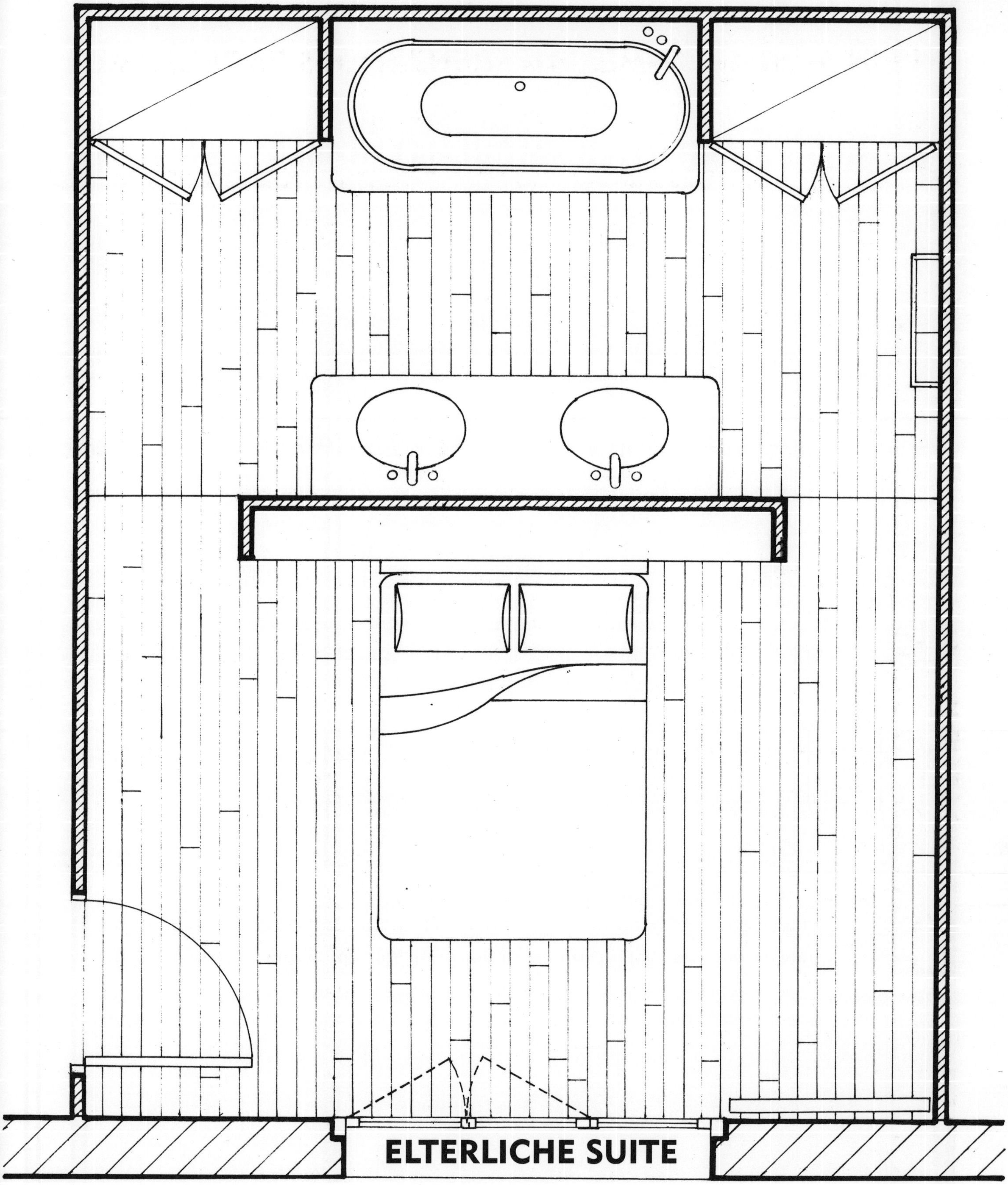


► Der Raum wurde neu gestaltet: Die Tür zum Flur wurde entfernt und die gesamte Fläche erhöht, um besser vom Licht des Fensters zu profitieren, das über die Trennmauer hinweg einfällt. Diese ist 1,70 m hoch und auf der Schlafzimmerseite mit Nischen versehen.

# RICHTEN SIE IHR BADEZIMMER EIN

► Zeichnen Sie die Konturen Ihres Raums (vergessen Sie dabei Fenster und Türen nicht) mit Hilfe dieses Rasters (1 cm auf dem Papier = 20 cm in der Realität).

► Auf der folgenden Doppelseite finden Sie verschiedene Modelle von Möbeln und Geräten. Fotokopieren Sie diese Elemente und schneiden Sie dann aus, was Sie brauchen, um es wie Schablonen zu verwenden.

► Legen Sie die Schablonen auf Ihren Plan und finden Sie so die Einrichtung, die am besten zu Ihrem Raum passt. Probieren Sie ruhig vieles aus, um alle Möglichkeiten zu testen!

# STANDARDABMESSUNGEN

## DUSCHWANNEN (ACRYL ODER KERAMIK)

**70 x 70 cm**

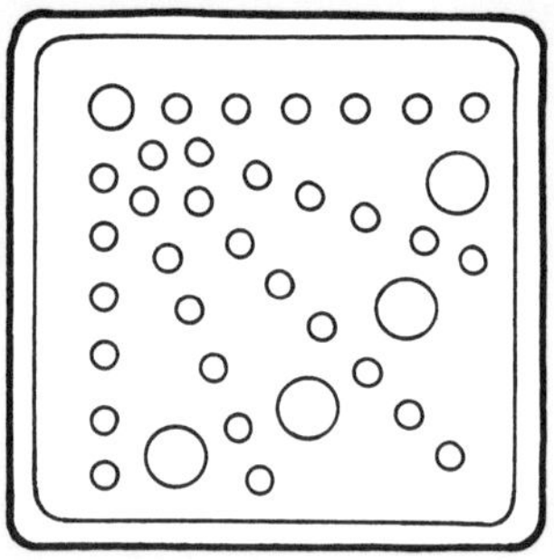

**80 x 80 cm**

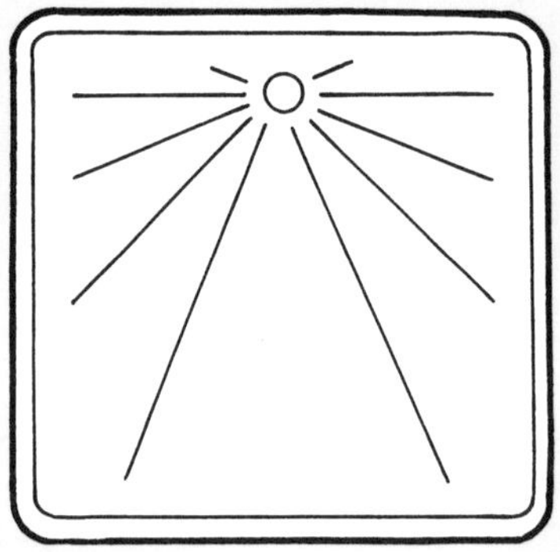

**90 x 90 cm**

**80 x 100 cm**

## DUSCHWANNEN ZUM FLIESEN

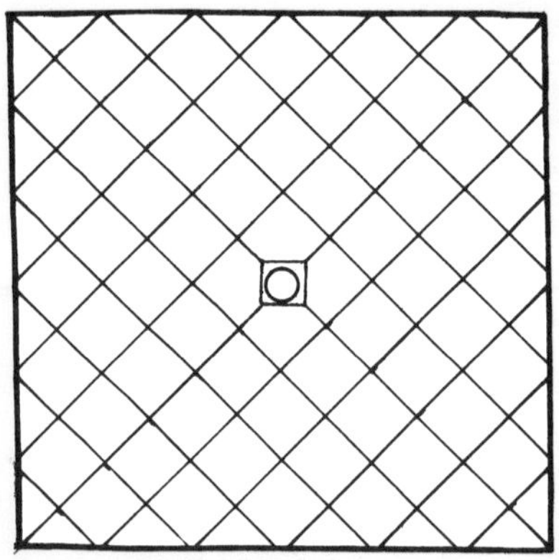

**100 x 100 cm**

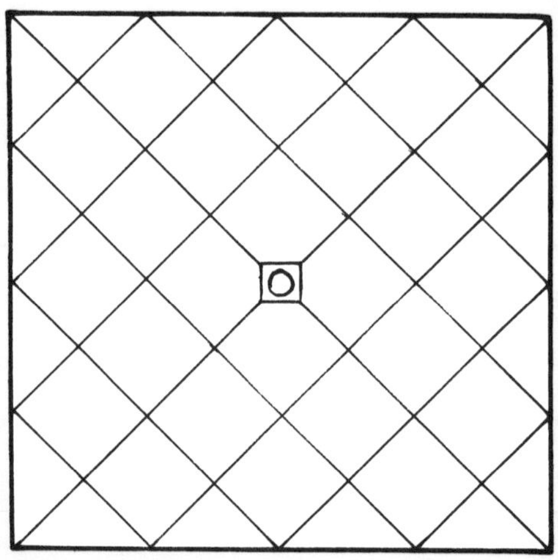

**120 x 120 cm**

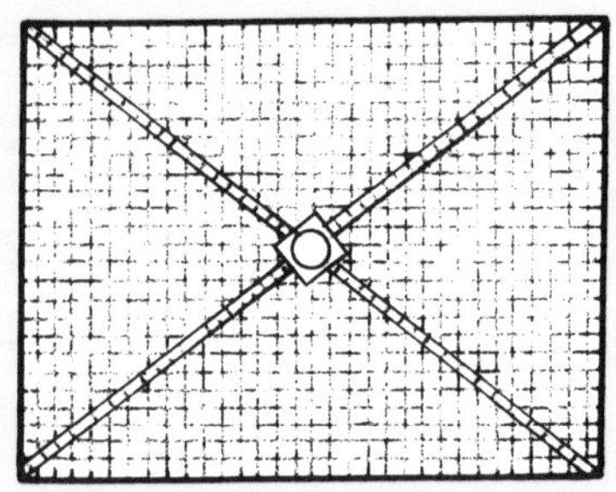

**70 x 90 cm**
**(Beschichtung Glaspaste)**

## DUSCHWANNE AUS TEAK

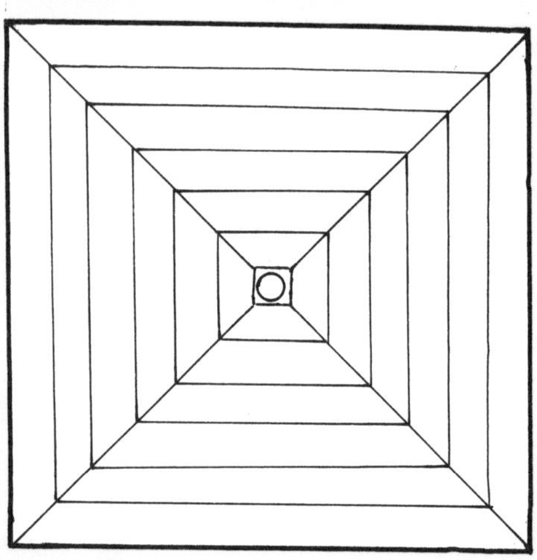

**120 x 120 cm**

## WASCHBECKEN

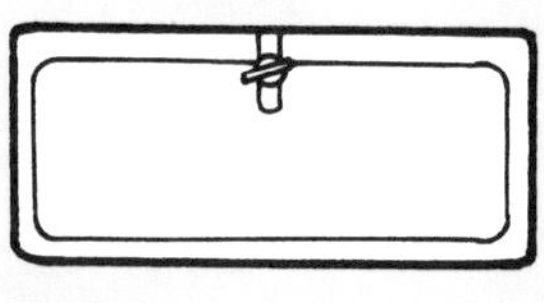

**70 x 35 cm**

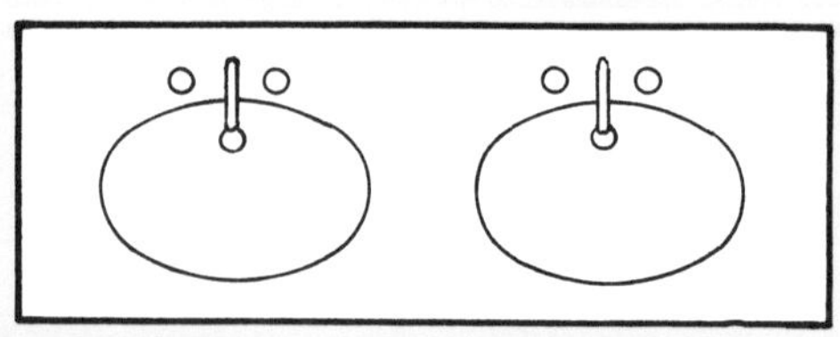

**Waschtisch mit integrierten Becken**
**120 x 45 cm**

**Spülstein-Becken**
**45 x 35 cm**

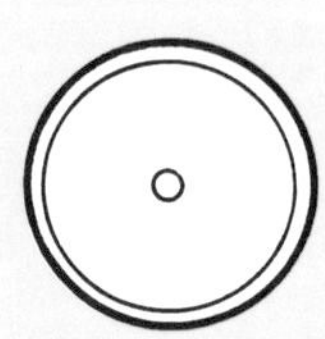

**Rundbecken Ø 40 cm**

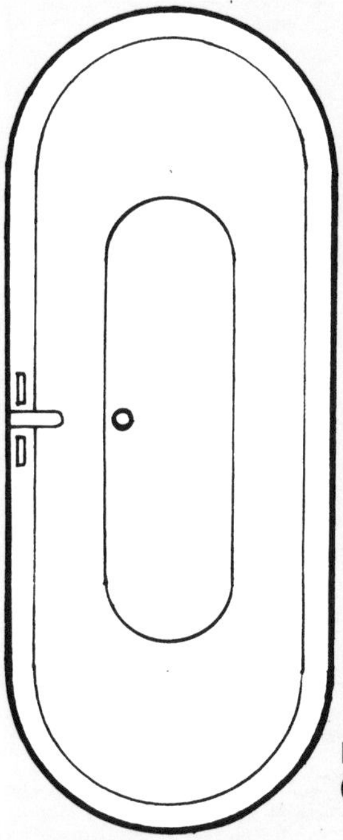

0,70 x 130 cm

Freistehende Badewanne
0,70 x 170 cm

## BADEWANNEN

0,75 x 170 cm

0,80 x 190 cm

## ECKBADEWANNEN

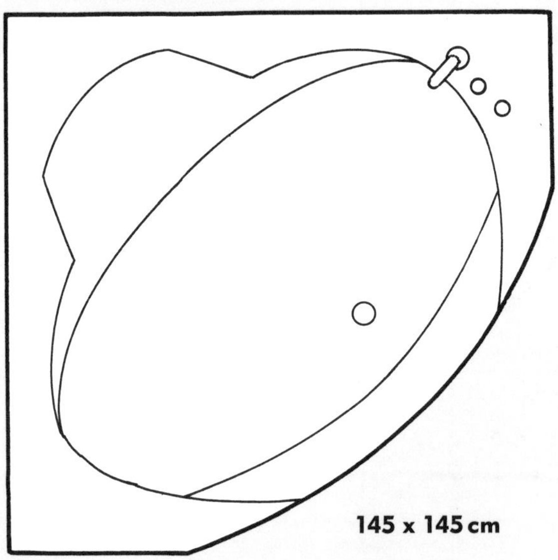

145 x 145 cm

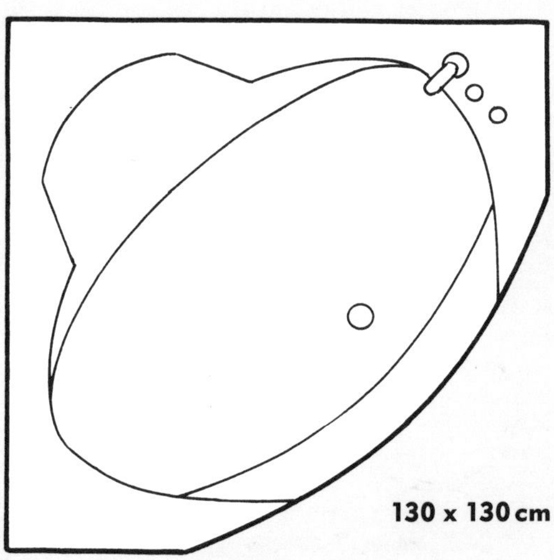

130 x 130 cm

## TOILETTE

Modell zum
Aufhängen mit
eingebautem
Spülkasten

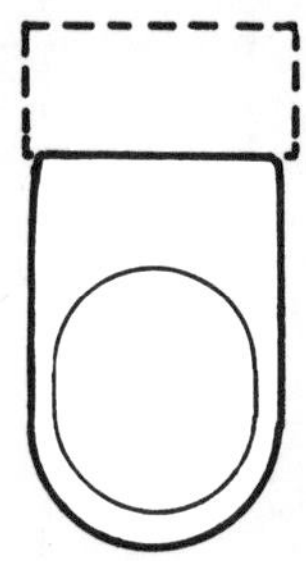

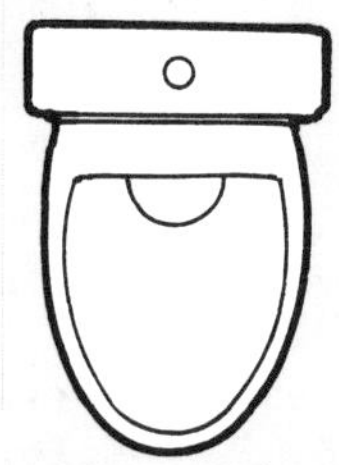

Ensemble: WC-Becken
und Spülkasten

## HEIZUNG

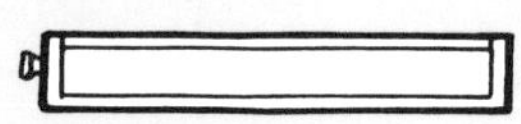

Handtuchtrockner
65 x 10 cm

## MÖBEL

Handtuchregal
35 x 35 cm

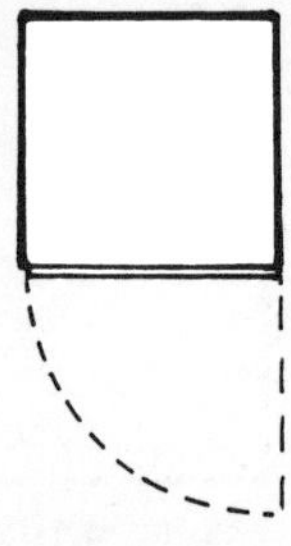

Halbsäule mit
Schubladen
43 x 40 cm

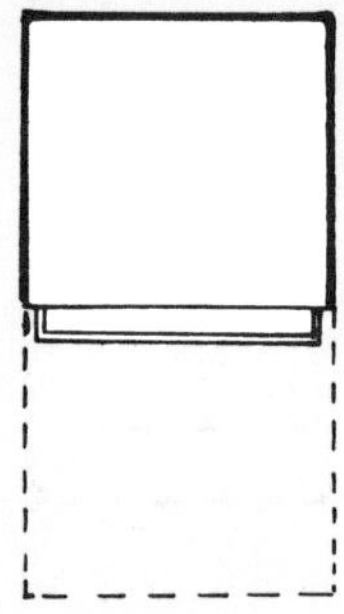

Unterschrank
50 x 40 cm

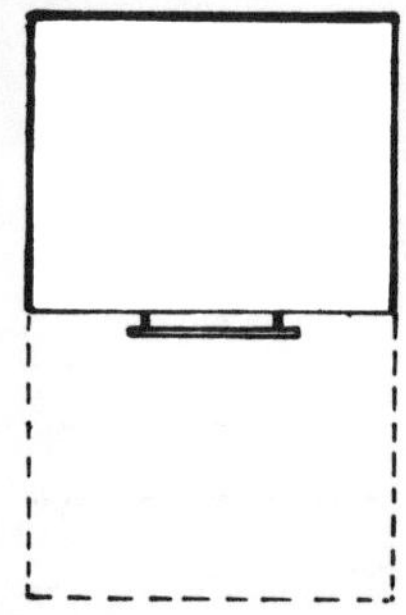

# ADRESSVERZEICHNIS

## ▶ BAUMÄRKTE

**Bauhaus**
Tel.: 0800-3905000
www.bauhaus.info

**Globus**
Tel.: 06898-5150
www.globus-baumarkt.de

**Habitat**
Tel.: 0231-7254830
www.habitat.de

**Hagebau**
Tel.: 0180-5030003
www.hagebau.de

**Hornbach**
www.hornbach.de
Tel.: 06348-6000

**Ikea**
Tel.: 01805-353435
www.ikea.de
Eine große Auswahl an Bädern zum Selbstzusammenstellen

**OBI**
Tel.: 01805-624624
www.obi.de

**Praktiker**
Tel.: 0800-1222122
www.praktiker.de

**toom**
Tel.: 0800-7763422
www.toom-baumarkt.de

## ▶ VERSANDHÄUSER

**Otto**
Tel.: 0180-53030
www.otto.de
Großes Versandhaus, alle Sparten, darunter auch Wohnen, Baumarkt, Deko, Elektro- und Großgeräte

**Neckermann**
Tel.: 0180-55414
www.neckermann.de
Wohnen, Haushalt, Garten- und Baumarkt

**Quelle**
Tel.: 0180-53100
www.quelle.de
Wohnen und Haushalt, Möbel, Deko, Haushaltsgeräte usw.

**Westfalia**
Tel.: 0180-5303132
www.westfalia.de
Traditionsversandhaus für Werkzeug, Elektronik, Haus und Garten usw.

## ▶ FACHHÄNDLER

**Alape GmbH**
www.alape.com
Einbaubecken, Aufsatzbecken, Schalenbecken, Trägerplatten, Konsolschubladen, Waschtische, Waschplätze, Ausgussbecken, Spiegel und Möbel

**badelaedchen**
Inh. Thorsten Schumann
www.badelaedchen.de
Designer-Badartikel: Waschtische, Bidets, Badewannen, Duschen, Armaturen, Badmöbel, Spiegel

**Bad Perfect** (Küchen Marketing MDM GmbH)
E-mail: badperfect@garant-moebel.de
Waschbecken, Waschtische, WCs, Bidets, Badewannen, Sanitärobjekte, Badarmaturen, Badmöbel, Sauna, Whirlpools

**Bette GmbH & Co. KG**
www.bette.de
Badewannen, Duschwannen, Duschflächen, Duschabtrennungen, Whirlwannen

**Duravit**
www.duravit.de
Waschtische, WCs, Bidets, Urinale, Wannen, Duschen, Badmöbel, Accessoires

**Duscholux Deutschland**
www.duscholux.de
Bade- und Duschwannen, Multifunktionsduschen, Whirlpools, Duschwände

**Glamü GmbH**
www.glamue.de
Badewannen, Duschwannen,

Ganzglasduschen, Rahmenduschen, Whirlpools

**HOESCH Design GmbH**
www.hoesch.de
Komplettbäder, Badewannen, Duschwannen, Duschabtrennungen, Whirlwannen, Dampfbäder

**illbruck Sanitärtechnik GmbH**
www.illbruck-sanitaertechnik.com
Wannenmontagesysteme, Wannenträger, Wannenschürzen, Wannenfüße, bodenebene bzw. barrierefreie Duschen, Waschplätze, Duschplätze und Duschwände

**Franz Kaldewei GmbH & Co. KG**
www.kaldewei.de
Badewannen (Ovalwannen, Recht- und Mehreckwannen), Duschbadewannen, Duschwannen, superflache barrierefreie Duschtassen, übergroße (XXL-)Duschwannen, Whirlwannen mit Luftsprudel- und/oder Wassermassagesystem, Warmwasserspeicher, Kohlebadeöfen

**KEUCO GmbH & Co. KG**
www.keuco.de
Bad-Editionen, Bad-Accessoires, Spiegelschränke, Lichtspiegel, Duschvorhänge und Badmöbel sowie Armaturen

**RepaBAD GmbH**
www.repabad.com
Acrylwannen, Whirlpools und Dampfbäder

**Rialto Design**
www.rialto-design.de
Natursteinbecken, Hartsteinbecken, Aufsatzbecken, Keramikbecken, Wannen aus Naturstein, Glasmosaik, weiße Fliesen, Natursteinplatten für innen und außen

**Villeroy & Boch**
www.villeroy-boch.de
Waschtische, Wand-WCs, Tiefspül-WCs, Bidets, Wannen, Fliesen, Badmöbel

**Wedi GmbH**
www.wedi.de
Fertigelemente für geflieste Sanitärobjekte, Bodenablauf für bodengleiche Duschen, Trennwandanlagen, Duschtrennwände, Profile, Wand- und Bodenbauplatten

## ▶ ARMATUREN

**Dornbracht**
Tel.: 02371-4330
www.dornbracht.com

**Grohe**
Tel.: 0571-3989333
www.grohe.de

**Hansgrohe**
Tel.: 07836-510
www.hansgrohe.de

**Jado**
Tel.: 0228-5210
www.jado.com

**Steinberg**
Tel.: 0211-5202490
www.steinberg-armaturen.de

## ▶ WAND- UND BODENBELÄGE

### FLIESEN

**Deutsche Steinzeug AG**
Tel.: 0228-3911006
www.deutsche-steinzeug.de

**Korzilius**
Tel.: 02623-6090
www.korzilius.de

**Osmose**
Tel.: 02602-6880
www.osmose-baukeramik.de

**Villeroy und Boch**
Tel.: 06864-810
www.villeroy-boch.com

### PARKETT UND ANDERE BODENBELÄGE

**BELO Parkett**
Tel.: 02428-90450
www.belo-parkett.de

**Bembé Parkett**
Tel.: 07931-9660
www.bembe.de

**Bona**
Tel.: 06431-40080
www.bona.com

**Forbo Bodenbeläge**
Tel.: 05251-18030
www.forbo-flooring.de

**Friedola**
Tel.: 05651-3030
www.friedola.de

**Haro**
(Hamberger
Industriewerke GmbH)
Tel.: 08031-7000
www.haro.de

**Meyer Parkett**
Tel: 0043-31355020
www.meyerparkett.at

**MOSO Bambus**
Tel.: 0031-229265732
www.moso-bambus.de

**Tarkett**
Tel.: 06233-810
www.tarkett-floors.com

## ▶ BELEUCHTUNG

In dieser Kategorie ist es nur schwer möglich, eine Liste zu erstellen, die die meisten Hersteller berücksichtigt. Deshalb eine alphabetische Auswahl, die keinen Anspruch auf Vollständigkeit erhebt:

AEG Lichttechnik

ANSORG Lichttechnik

ASMUTH Lichttechnik
(Innenleuchten)

BAULMANN Lichttechnik
und Leuchten

bega Lichttechnik

CP-LICHT DESIGN

Hellux Leuchten

hoffmeister Lichttechnik

KBS-Technik

KOTZOLT Lichtdecken,
Designleuchten, Strahler und
Downlights

MISSAL Lichttechnik

milano Lichttechnik

mmco Lichttechnik

OSRAM Allgemein-
beleuchtung

OTTERPOHL Lichttechnik

OVERDICK Lichttechnik

SEDITEX Leuchten und
Lichtdecken

Starlicht Lichttechnik

STENG LICHT Lichttechnik

Radium Lampenwerk

reggiani Italienischer
Hersteller für Lichttechnik

ridi Lichttechnik
Ritto Lichttechnik

TRIO-Leuchten Lichttechnik

trilux Lichttechnik

VIVALUX Lichttechnik

Waldmann Lichttechnik

# NOTIZEN

# DANKSAGUNG

Zohra Alami und David Largeaud, Patrick Ballan, Gilles Berger, Juliette und Pierre Berger, Claude Bonnin, Jacques Boy, Brigitte und Maurice Chalom, Mathilde und Guy-Pierre Chomette, Aude d'Ortho und Lionel Desneux, Judith Dessons, Valérie Flamand, Éléonore Gerbier, Isabelle Gonnet, Hildegarde, Christina Zonca, La Guérandière (www.guerande.fr), Sandrine Lhairaud und Stéphane Claret, Édith und Patrick Le Fur, Agnès Le Govic und Laurent Mazzoni, Jean-Philippe Madier, Virginie und Bruno Martin, Martine Messière, Dominique Pidance und Alain Le Bahl, Architekten, Josée Valzer und Bruno Renaudat, Marie-Liesse Richard, Alain Scazzola, Jerry Schael (Architekt), Isabelle Lafuma und Thierry Scharf, Franck und Cécile Schmitt, Freddy und Cathy Tavard, Geneviève Thomas und Guillaume Dubois, Armelle Vannier.

Fleurus Idee is an imprint of Fleurus Verlag



Illustrationen: Arnaud Madelénat
Grundrisse: Muriel Souilhac

Übersetzung aus dem Französischen:
Tanja Köster (für akapit Verlagsservice)

Redaktion und Produktion der deutschen Ausgabe:
akapit Verlagsservice, Berlin – Saarbrücken

Umschlaggestaltung:
MWK, Köln

ISBN 978 - 3 89717-576-1

Printed and bound in October 2008
by Book Partners China Ltd.

10 9 8 7 6 5 4 3 2 1